Perlen und Perlmutt

Jochen Schlüter/Christian Rätsch

Edition Ellert & Richter

Inhalt

Was sind Perlen und wo kommen sie vor?

Sieht man einmal vom Begriff „Perle" als reiner Formdefinition ab, werden als Perlen gelegentlich auftretende natürliche Bildungen in Muscheln verstanden. Die klassischen Perlen, so wie sie auch der Handel definiert, sind aus vielzähligen konzentrischen Perlmuttschichten zusammengesetzt und entstammen vornehmlich Muscheln aus Meerwasserregionen, sind aber auch in Süßwassermuscheln von Flüssen und Seen zu finden.

Naturperlen der Meere bilden sich in erster Linie in den weltweit auftretenden Arten der Muschelgattung Pinctada, der Perlauster, die zur Familie der Pteriidae gehört. Diese „Austern" sind allerdings nicht mit der als Delikatesse geltenden europäischen Gemeinen Auster, Ostrea edulis, zu verwechseln. Flußperlen oder besser Süßwasserperlen entstammen hingegen den Familien der Unionidae und Margaritiferidae.

Es ist weithin unbekannt, daß Perlen auch in zahlreichen anderen Muschel- und auch Schneckenarten vorkommen können. Viele dieser „Perlen" entsprechen allerdings nicht dem Idealbild. Sie bestehen aus dem gleichen Material wie die Muschelschale, erscheinen meist porzellanartig und besitzen nicht den Schimmer des Perlmutts. Aber auch bei diesen besonderen Perlen gibt es – bei Sammlern und Liebhabern begehrt – attraktive Objekte unterschiedlichster Farben und Zeichnungen.

Handwerker bohren Löcher in Perlen und fügen sie zu Kolliers zusammen; die altägyptische Wandmalerei aus dem Grab des Sobekhotep in Theben-West entstand während der 18. Dynastie (um 1550 bis 1295 v. Chr.).

Perlen an fernen Gestaden

Das ergiebigste klassische Herkunftsgebiet der wohl schönsten Naturperlen und folglich namengebend für den Begriff „Orientperlen" war der Persische Golf. Schriftliche Überlieferungen dokumentieren, daß hier bereits 300 v. Chr. die Perlfischerei florierte. Seit der Antike waren die Perlen des Persischen Golfes, Perlenfunde im Roten Meer und die Perlenbänke im Golf von Mannar zwischen Indien und Sri Lanka weithin berühmt. Aber auch viele andere Meeresregionen lieferten in früheren Zeiten große Mengen ausgezeichneter Naturperlen. Perlmuscheln bevorzugen grundsätzlich warme und flache Gewässer, somit äquatornahe Regionen. So fanden sich perlführende Pinctada-Arten auch vor Venezuela, an den pazifischen Küsten Mittelamerikas und im Golf von Kalifornien. Auch die Seychellen, die indischen und burmesischen Küstengebiete sowie die äquatoriale Inselwelt zwischen Indischem Ozean und Pazifik galten als ertragreiche Fundgebiete für Perlen. Und nicht zu vergessen sind bei dieser Aufzählung die Naturperlen Japans und die geheimnisvollen dunklen Perlen der Südsee.

Aus den unterschiedlichen Pinctada-Arten und ihren nur regional auftretenden Unterarten gehen Perlen unterschiedlicher Größen und Farbnuancen hervor. Die über 25 cm erreichende Pinctada margaritifera und die bis über 30 cm große Pinctada maxima können natürlich größere Perlen hervorbringen als etwa die in den kühleren japanischen Gewässern lebende kleine, nur bis zu 10 cm große Akoya-Muschel (Pinctada martensii). Die mit Hauptverbreitungsgebiet in der Südsee von Französisch-Polynesien lebende Pinctada margaritifera cumingii produziert dunkles Perlmutt und bringt unter anderem begehrte graue und schwarze Perlen hervor. Perlen in Gold- und Silbertönen stammen von den sog. gold- und silberlippigen Unterarten der Pinctada maxima.

Seit jeher ist die Perle als Edelstein, der ohne Bearbeitung seine volle Schönheit offenbart, hoch begehrt. So wurde die Perlmuschel über Jahrhunderte hinweg auf der Suche nach Perlen hemmungslos verfolgt. Die Nachwirkung unkontrollierter Perlensuche war oftmals die Vernichtung natürlicher Muschelpopulationen. Schon im letzten Jahrhundert begannen daher die zuständigen Regierungen einer Überfischung durch strenge Regularien entgegenzuwirken. Ihren Niedergang fand die Naturperlenfischerei aber eigentlich erst in der ersten Hälfte unseres Jahrhunderts, bedingt vor allem dadurch, daß der Bedarf an Schmuckperlen mit der Zeit durch die Produktion leichter erschwinglicher Zuchtperlen gedeckt wurde.

Für die Gewinnung von Naturperlen bester Qualität war die Ernte großer Muschelmengen erforderlich. Historische Quellen besagen, daß im Persischen Golf 500 und auf den Philippinen 5000 Muscheln geöffnet werden mußten, um eine feine Orientperle zu finden. Etwa 15 000 Muscheln waren zu öffnen, um eine schöne schwarze Perle in Französisch-Polynesien zu entdecken. Und vor der Küste Sri Lankas mußte eine Million Muscheln sterben, um ein paar Dutzend schöner Perlen zu gewinnen. Nach historischen Aufzeichnungen der singhalesischen Urbevölkerung Sri Lankas sind die Perlenbänke im Golf von Mannar, zwischen Indien und Sri Lanka gelegen, schon seit mindestens 3000 Jahren bekannt und stets abgeerntet worden. Bedroht wurde die hier ansässige, seichte Gewässer mit felsigem Untergrund liebende Perlmuschel Pinctada vulgaris zu allen Zeiten durch unzählige Freßfeinde wie Raubfische und insbesondere Seesterne. Auch eine Versandung der Muschelbänke konnte schwerwiegende Folgen haben. Aber allergrößte Gefahr drohte ihr erst durch die rücksichtslose Gier des Menschen nach Perlen, immer wieder stand sie vor der Ausrottung. Der berühmte Schweizer Gemmologe Gübelin schreibt in seinem Buch „Die Edelsteine der Insel Ceylon":

„Damals wie heute waren es vornehmlich nackte oder nur spärlich bekleidete Tamilen, die der Perlfischerei oblagen. Sie gingen nach altertümlichen und entsprechend primitiven Methoden vor, deshalb waren Erfolg und Ausbeute höchst selten befriedigend. Der ganze Betrieb entbehrte jedoch jeglicher Umsicht; denn die Gier der Eingeborenen, angetrieben

Der Holzstich aus dem „Buch für Alle" von 1882 stellt die Perlfischerei im Persischen Golf dar: links oben ein Taucher mit Nasenklemme, rechts oben die Perlenfischerflotte vor Anker, links unten Taucher am Meeresgrund bei der Arbeit, rechts unten Hilfsgeräte.

von den sich gegenseitig überbietenden Angeboten der Einkäufer, kannte weder Grenzen noch Rücksicht auf die Zukunft." Nur staatliche Reglementierung konnte diesem Treiben Einhalt gebieten. So durfte schließlich nur alle vier Jahre in einer festgelegten Saison gefischt werden. In der Zwischenzeit gewährte man den Muscheln eine Ruhephase zur Regeneration.

Um an die Perlenbänke zu gelangen, fahren offene Boote mit einem Dutzend Tauchern einige Kilometer aufs Meer hinaus. Sie werden von einem Ruderer sowie einem Vertreter des Bootsbesitzers begleitet und dabei von einem Regierungvertreter überwacht. Den Tauchvorgang beschreibt Gübelin anschaulich: „Geht der Taucher an die Arbeit, tritt er auf das Auslegebrett am Boote, holt tief Atem und füllt sich die Lunge mit Luft, hierauf klemmt er die Nase zu, verstopft sich die Ohren und steigt in die Sinkseilschlinge. Während er sich mit der einen Hand das Korbnetz über die Schulter wirft, klammert er sich mit der anderen ans Sinkseil. Durch einen Ruck am Seil gibt er das Zeichen zum Loslassen, und schnell sinkt er durch den am Seil befestigten Stein in die Tiefe. Dort rafft er rasch so viele Muscheln zusammen, wie er erhaschen kann, um gleich hernach am Seil das Zeichen zu geben, auf das hin er rasch emporgezogen wird."

Jeder Taucher taucht rund 40mal am Tag in eine Tiefe von 20 bis 30 m und verweilt dort bis zu einer vollen Minute. In großer Eile sam-

Die englische Monarchin Elizabeth I. (1553–1603) war bekannt für ihren reichen Perlenschmuck; das um 1575 entstandene Gemälde wird Nicholas Hilliard zugeschrieben.

melt er bis zu 150 Muscheln in ein mitgeführtes Netz, infolgedessen das Boot am Abend mit mehr als 20 000 Muscheln heimkehrt. An Land wird der Fang sofort aufgeteilt; die Regierung erhält – als Steuer – ein Fünftel, zwei Fünftel gehen an den Bootsbesitzer, den Rest teilen die Taucher unter sich auf.

Den weiteren Verlauf beschreibt Gübelin wie folgt: „Daraufhin findet die Auktion von immer je hundert Muscheln statt. Das Bieten der sich drängenden Menge von Einkäufern aus Ceylon, Indien, Japan und Europa erfolgt hastig und mit wachsamer Geistesgegenwart. Trotzdem ist es für jedermann eine völlige Spekulation; denn keiner weiß ja, ob die Muscheln überhaupt eine wertvolle Perle enthalten oder vielleicht sogar steril sind. Kaum eine unter tausend Muscheln birgt sogar bloß ‚Seed-Perlen' oder winzige Barockperlen. Von allen Gradierungen von Perlen, die im gesamten Fang in mühe- und gefahrenvoller Arbeit gewonnen worden sind, können nicht mehr als 5 % für Schmuckzwecke verwertet werden."

Um an die kostbaren Perlen zu gelangen, werden die Muscheln in große Bottiche oder Einfriedungen verbracht, wo ihr Fleisch in der glühenden tropischen Sonne in kurzer Zeit verfault. Von der moderigen, abstoßenden Fleischmasse werden die Perlen dann per Hand oder über Siebtrommeln getrennt und abschließend gereinigt.

Perlen im deutschsprachigen Raum

War bisher die Rede von Perlen ferner Gesta-
de, so waren zumindest Süßwasserperlen auch
ein europäisches, ein heimisches Produkt.
Perllieferanten waren Flußperlmuscheln, die in
vielen sauberen Gewässern anzutreffen waren.
Perlbildende Süßwassermuscheln gab es in
nahezu allen europäischen Mittelgebirgen mit
klaren, kalten und kalkarmen Wasserläufen.
Raubbau und Umweltverschmutzung haben
dazu geführt, daß heute nur noch lokal wenige, streng geschützte Vorkommen existieren.
Flußperlen konnten nie ganz an die erlesene
Schönheit von Orientperlen heranreichen,
waren aber als heimische „Edelsteine" hierzu-
lande hochbegehrt. Die meisten Perlen gingen
an den Hochadel, die Kirchen und Klöster,
zumal diese sich die Fischereirechte gesichert
hatten; aber auch begüterte Kaufleute schätz-
ten die Perlen als Zeichen ihres Wohlstandes.
Man fand Perlen in Muscheln der heimischen
Süßwasserperlmuschel Margaritifera margaritifera (Überfamilie Unionacea). Nur ein klei-
ner Teil von ihnen bestand aus weißem Perlmutt und war wohlgeformt. In den meisten
Fällen offenbarten die Flußmuscheln nur kleine, unansehnliche braune Aragonitperlen.
Gewässer, die sich durch eine hohe Dichte an
Muscheln und durch besonders attraktive Perlenfunde auszeichneten, gab es unter anderem
im schottischen Hochland, in Frankreich (Bre-
tagne und Lothringen), Deutschland, Öster-

reich, Tschechien (Böhmen) wie auch in Nordwest-Spanien, Skandinavien und Rußland. Die wichtigsten Fundgebiete im heutigen Österreich waren die Nebenflüsse der Donau, insbesondere im Mühlviertel nördlich von Linz. Die bedeutendsten Fundgebiete Deutschlands lagen in Niedersachsen, im sächsischen Vogtland und in Bayern mit den Perlfischerei-Zentren im Fichtelgebirge und in den Zuflüssen der Donau im Bayerischen Wald, wie etwa der Ilz.

Die Blüte der Perlfischerei im 16. Jahrhundert erbrachte große Mengen schmuckwerter Perlen. Aus dem Zeitraum 1814–1887 sind Aufzeichnungen erhalten, die die Ernte von 158 000 Perlen aus dem Bayerischen Wald dokumentieren. Eine erstaunliche Menge, berücksichtigt man Zahlen aus den Jahren 1814–1857, die besagen, daß statistisch gesehen nur in jeder 477. Muschel eine Perle vorkam und sogar nur jede 2701. Muschel eine gute Perle hervorbrachte. Und da in den kalten Gewässern Wachstumsgeschwindigkeiten von nur 0,05 bis 0,2 mm pro Jahr erreicht wurden, benötigte eine 4 mm große Perle für ihre Entstehung günstigstenfalls 20 Jahre! Florierende Perlfischereien wurden damals unter hoheitlicher Aufsicht mit subtiler Sachkenntnis und systematischer Planung so geführt, daß ein hinreichender Schutz der wertvollen Perlmuscheln gesichert war. Vogtländische Perlen wurden insbesondere in der Weißen Elster und ihren Zuflüssen geerntet.

Eine Schalenperle haftet an der Schale einer 1882 in der Weißen Elster im Vogtland gefundenen 12,5 cm großen Flußmuschel (Sammlung Museum für Tierkunde, Dresden).

Bereits 1621 stellte der kurfürstliche Prinz Johann Georg I. die Perlfischerei hier unter königliches Privileg und ernannte Oberaufseher, die über eine geregelte Nutzung wachten. Das gesamte Perlgebiet wurde in mehrere hundert Sektionen unterteilt, von denen aber nur ein paar Dutzend pro Jahr auf Perlen abgesucht wurden, um dann wieder für zehn oder 15 Jahre in Ruhe gelassen zu werden. Auf diese Weise konnten sich die durchsuchten Muschelbestände immer wieder vollständig regenerieren. Zudem wurden hier die Muscheln bei der Perlensuche nicht einfach aufgebrochen und damit getötet, sondern mit Hilfe einer Muschelzange vorsichtig etwas geöffnet, durch Abtasten untersucht und bei nicht vorhandener Perle wieder in den angestammten Lebensraum zurückversetzt. Oftmals wurden sogar Muscheln mit kleinen Perlen unversehrt gelassen und markiert, um sie später mit größerer Perle zu ernten.

Eine berühmte Süßwasserperlenkette aus dieser Zeit, bestehend aus 177 Elsterperlen, ist heute im Grünen Gewölbe zu Dresden zu bewundern.

Perlfischerei gab es erstaunlicherweise auch in der Norddeutschen Tiefebene, da in den Gewässern der Lüneburger Heide große Muschelpopulationen existierten. Eine Beschreibung der Perlfischerei in der Lüneburger Heide aus dem Jahre 1766 stammt vom Celler Hofmedicus Johann Taube, der berichtet:

Ein Typensortiment von Süßwasserperlen aus der Lutter bei Celle, Lüneburger Heide, mit braunen Aragonit- und hellen Perlmuttperlen (Sammlung D. Bischoff). Die größte Perle besitzt einen Durchmesser von 7 mm.

„Ein Perlen-Fischer versieht sich mit einem Beutel, den er um den Hals knüpfet, und einem Stocke, der stark genug ist, sich daran, im Fall der Noth, zu halten. Ist es möglich, so unternimmt er seinen Fang bey hellem Sonnenschein und stillem Wetter, und gehet jederzeit gegen den Strom. Bey niedrigem Wasser ist der Fang nicht schwer. Er kann eine jede Muschel auf dem Grunde stecken sehen, hohlet sie mit der Hand heraus und verwahret sie, wenn sie ihm gut dünkt, in seinem Beutel, bis dieser genugsam gefüllt ist, oder die Kälte des Wassers ihn nöthigt, heraus zu steigen. In tieferen Flüssen ist es weit beschwerlicher. Die Fischer sind oft genötigt, bis unter die Achseln ins Wasser zu gehen, und müssen, weil sie den Grund nicht sehen, mit den Füssen suchen. Berühren sie eine damit, so wird sie losgescharret, zwischen die Zähen geklemmt, und so von dem Bein in der Hand zugereicht. Diese ist die einzige hier gewöhnliche Art, die Perlen-Muscheln zu sammeln. Denn da sie bis über den halben Teil ihrer Schale im Sande stecken, so kann weder mit Netzen, noch auf eine andere Art etwas gegen sie ausgerichtet werden."

Perlfischerei war überall in Europa hoheitliches Privileg und durch Lizenzvergabe geregelt. Zuwiderhandlungen wurden im Bayerischen Wald mit Erhängen geahndet, in Norddeutschland „verlor" der Missetäter lediglich die Hand. Trotzdem empfanden Anwohner perlreicher Gewässer die Ausbeute der

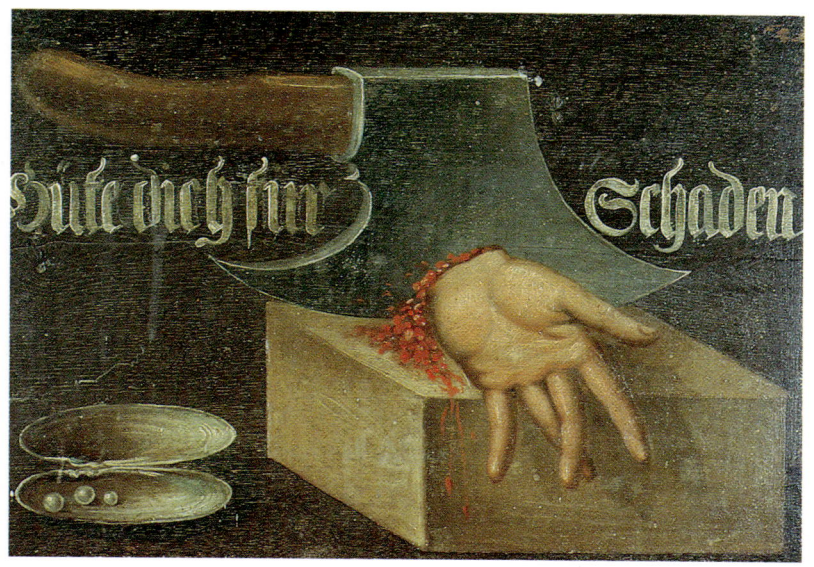

Warntafel von 1736 zum Verbot der Perlenfischerei in der Schwienau, Lüneburger Heide; Ölmalerei auf Eichenholz, im Besitz des Klosters Ebstorf

Muschelbestände als ihr ureigenes Recht und übertraten die Verbote. Eine Konsequenz waren schnelle Raubzüge, bei denen die Muscheln getötet und durchsucht wurden, mit fatalen Auswirkungen auf den Bestand der Vorkommen.

Im Staatsarchiv Hannover existieren Akten des Amtes Ebstorf aus dem Jahr 1666, das Verbot des Perlfanges in der Gerdau und Schwienau betreffend:

„Von Gottes Gnaden, Georg Wilhelm, Herzog von Braunschweig und Lüneburg – Ob Wir Uns zwar Eines anderen versehen alß das nach Jüngst Unseres ergangenen Verboth ein jeder scheu getragen haben würde, sich des Perlenfanges außer denen die Wir sonderlich dazu bestellet, zu unterfangen; So vernehmen Wir dennoch mit höchster disciplicentz das solches fast außer Augen gesetzet, und ein und ander sich gelüstet haben das Muscheln und Perlenfangs sich weiterhin anzumaßen ... So befehlen Wir hiermit nochmals Unseren Oberhauptleuten, Räthen, Beamten und Voigte zu Harburg, Winsen, Ebstorf, Oldenstadt, Bodenteich, Moisburg und auf anderen Unseren Ämbtern woselbst es Perlenmuscheln giebt, das Sie nochmals allen und jeden denen ihren anvertrauten districten wohnenden dies Unser Verboth und ungnädige disciplicentz notificieren und verwarschawen, das sie bey Vermeidung hoher wilfährlicher Straffe solches Muschelfanges sich genzlich enthalten; auch da ein oder anderer dagegen handelnd ange-

Detailausschnitt eines Kreuzes auf einem
Antependium (Altarbehang) des Klosters Ebstorf,
der ursprünglich als Kasel, also als liturgisches
Obergewand des Priesters, diente; zweite Hälfte
des 16. Jahrhunderts. Süßwasserperlen aus der
Schwienau, Lüneburger Heide, als Applikations-
stickerei auf Seidengrund mit Seiden-, Gold- und
Silberfäden sowie silbernen Brakteaten

troffen werden sollte, weswegen dann die
Bäche und Ströhme alle zu visitieren, densel-
ben zur Haft nehmen, und zu fernerer Unserer
Verordnung uns davon unterthänigst relation
abstatten, sollte auch jemandt unser Untertha-
nen einen anderen darüber betreten oder in
Erfahrung bringen, daß dieser oder jener Perlen verkauft, hat er solches sofort dem Amts-
mann oder Voigt jedes Ortes anzuzeigen, soll
alßdann nicht allein nicht gemeldet, sondern
wegen seiner Troy das er solches offenbaret,
noch dazu einige Belohnung zu gewarten
haben. Sollte auch jemandt im Fischen einige
Muscheln mit herausziehen, und Perlen darin
befunden, hat er solche an das Amt, wo er
gesessig zu liefern, soll auch alßbald nach
Befindung mit einem Dringkgeld versehen
werden.“
Die heimische Perlfischerei mit ihren Produk-
ten war für die Herrschenden von so großer
Bedeutung, daß sogar die Umsiedlung von
Perlmuscheln versucht wurde. 1769 ließ sich
Kurfürst Karl Theodor von der Pfalz vom
bayerischen Kurfürsten Maximilian III. 400
lebende Perlmuscheln aus Deggendorf an der
Donau in die Pfalz senden. Sie wurden in Ton-
nen mit feuchtem Moos transportiert und
schließlich erfolgreich in der Steinach im
Odenwald angesiedelt.
Häufig schlugen derlei Versuche fehl, weil die
neuen Gewässer physisch und chemisch ungeeignet waren oder aber ein wesentliches Glied
im Leben einer Flußmuschel – die Bachfo-

Die deutsche Kaiserkrone; der achteckigen, reich mit Perlen und Edelsteinen geschmückten Goldkrone aus dem 10. Jahrhundert wurde im 12. Jahrhundert der Kronbügel hinzugefügt.

relle – fehlte. Wir wissen heute, daß der Lebenszyklus einer Muschel im Hochsommer mit der Befruchtung von Eiern beginnt, die sich in den Kiemen der weiblichen Muschel zu Larven entwickeln. Die anschließend ins freie Wasser gesetzten Larven heften sich an die Kiemen von Bachforellen, wo sie überwintern, um sich im Frühjahr zur Jungmuschel weiterzuentwickeln. Die Jungmuschel verläßt ihren Wirtsfisch im darauf folgenden Sommer, um ein Leben im Bachgrund zu beginnen. Dabei kann die in Deutschland lebende Margaritifera margaritifera ein Lebensalter von 120 Jahren erreichen und bis zu einer Größe von etwa 14 cm heranwachsen.

Perlen und Edelsteine zu tragen war in Europa lange Zeit dem Adel vorbehalten. Dieses Recht schrieb sich der Adel zu, um sich vom wohlhabenden Bürgertum abzuheben. Ein Reichtagsabschied von 1496 besagt: „item Bürger in Stetten die nit vom Adel oder Ritter seyn, soll kein Golt, **Perlin**, Samat, Scharlach, Seyden noch Zobelin oder Hermelin Futter tragen". Noch in späterer Zeit, 1611, wurde ein bürgerlicher Ratmann, dessen Braut in adeliger Tracht zur Hochzeit gegangen war, zu einer Strafe von 1000 Talern verurteilt.

Bau und Entstehung von Perlen und Perlmutt

Eine Untersuchung der Zusammensetzung von Perlen oder Perlmutt offenbart Calciumkarbonat als Hauptbestandteil, eine Verbindung aus

Calcium, Kohlenstoff und Sauerstoff. In der
Natur kommt Calciumkarbonat fast ausschließlich in zwei Modifikationen vor. Als
Mineral Calcit, auch Kalkspat genannt, ist es
eines der häufigsten Minerale auf der Erd-
oberfläche und bildet die Grundsubstanz von
Kalksteinen und Marmoren. Die zweite Modi-
fikation ist das Mineral Aragonit, das sich bei
niedrigen Temperaturen bildet und uns etwa
in Form von Tropfsteinen wohlbekannt ist.
Perlen und Perlmutt bestehen also aus ganz
gewöhnlichen, alltäglichen Substanzen. Jedoch
liegt das Geheimnis ihres Farbenspiels im Aufbau verborgen, ihre Besonderheit ist ein
Ergebnis von Herkunft und Entstehungsge-
schichte.
Röntgenanalysen von Perlen- oder Perlmutt-
substanz zeigen, daß das Calciumkarbonat
hier als Aragonit vorliegt. Mit dem Elektro-
nenmikroskop unter hoher Vergrößerung ist
sofort erkennbar, daß Perlmutt und Perlen
nicht nur aus dem gleichen Material bestehen,
sie haben auch das gleiche Bauprinzip. Das
Perlmutt einer Muschel besteht aus feinsten
parallelen Aragonitlagen, die die Innenseite
der Muschelschale auskleiden. Auch eine Naturperle besteht aus diesen Aragonitschichten.
Bei ihr haben sich die Aragonitlagen aber, wie
die Schalen einer Zwiebel, um einen Mittel-
punkt gelegt. Die Bezeichnung Perlmutt, veraltet Perlmutter, im englischen mother-of-pearl,
weist auf den engen Zusammenhang von Perle
und glänzender Muschelschale hin.

Bei Perlen liegen die Dicken der Aragonitlagen je nach Herkunft zwischen 0,00025 mm aus kälteren Gewässern und 0,00050 mm bei Perlen aus der Südsee. Diese Aragonitlagen sind wahre Kunstwerke der Natur. Jede der hauchdünnen Lagen besteht wiederum, wie bei einem Mosaik, aus unzähligen plattigen Aragonitkristallen. Die Kristalle wie auch die Lagen sind untereinander durch eine hornartige organische Substanz, das Conchyn, verkittet. Conchyn ist aus faserigen Proteinen und komplexen Zuckermolekülen, sog. Polysacchariden, aufgebaut. Betrachtet man eine Perle oder das Perlmutt einer Muschelschale im Anschnitt senkrecht zu den Aragonitlagen, dann erscheinen beide bei großer Vergrößerung wie eine Backsteinmauer mit flachen, plattigen Aragonitkristallen als Ziegeln und Conchyn als Mörtel.

Die Verknüpfung von Aragonitkristallen und Conchyn im Perlmutt nach einem geordneten, regelmäßigen Bauplan ist nicht nur der Auslöser des Farbenspiels, sondern macht Perlmutt zu einem resistenten, leichtgewichtigen Baumaterial, das doppelt so hart und eintausendmal widerstandsfähiger ist als seine einzelnen Komponenten. Die außergewöhnlichen Eigenschaften von Perlmutt beschäftigen Materialwissenschaftler, die versuchen, nach diesem Vorbild widerstandsfähige Oberflächen zu entwickeln.

Um die Form der Aragonitkristalle und deren geregelte Anordnung im Perlmutt zu errei-

Oben: Aragonit (Calciumkarbonat) ist ein häufiger Bestandteil der Natur. Abgebildet sind ein rötliches Kristallaggregat aus Spanien, ein Sinterprodukt (Erbsenstein) aus Tschechien, große gelbe Kristalle aus Ungarn sowie Keshiperlen aus Nordwestaustralien.
Unten links: Bathybembix convexiusculus, eine Perlmuttschnecke aus der japanischen Tiefsee
Unten rechts: Neotrigonia margaritacea, eine seltene Perlmuttmuschel aus Südaustralien

chen, produziert die Muschel zunächst eine
Art Käfig aus organischem Material, in den
die Aragonitkristalle geregelt und ausgerichtet
hineinwachsen.

Obwohl Perlen und Perlmutt wie auch Schalen, Gehäuse und Korallen überwiegend aus
Calciumkarbonat bestehen, werden sie übrigens nicht zu den Mineralien gezählt. Den
Mineralien werden definitionsgemäß nur solche Substanzen zugerechnet, die nicht von
Organismen gebildet worden sind.

Perlen und Perlmutt sind das Produkt von
Weichtieren, von Mollusken. Die Mollusken
sind ein Tierstamm, dessen bisher bekannte
Arten rund 20 000 verschiedene marine
Muscheln und etwa 60 000 bis 70 000 marine
Schnecken umfaßt. Einige dieser Muscheln
und Schnecken neigen zur Perlbildung, nur
sehr wenige produzieren Perlen, wie wir sie
vom Juwelier her kennen.

Am Beispiel der Orientperlen, wie die echten,
ohne menschliches Zutun aus den Muscheln
der Gattung Pinctada entstandenen Naturperlen meist genannt werden, soll hier die Entstehungsweise von Perlen erläutert werden.

Eine Muschel besitzt Eingeweide, die von
einer Gewebefalte, dem sog. Mantel, umgeben
und geschützt sind, sowie Kiemen und einen
Fuß. Der Mantel liegt rundherum am Schalen-
paar an, das von einem Schließmuskel bewegt
wird. Die Manteloberfläche überziehen sog.
Epithelzellen. Epithelzellen, die im Kontakt
mit den Schalen stehen, sind für den Bau und

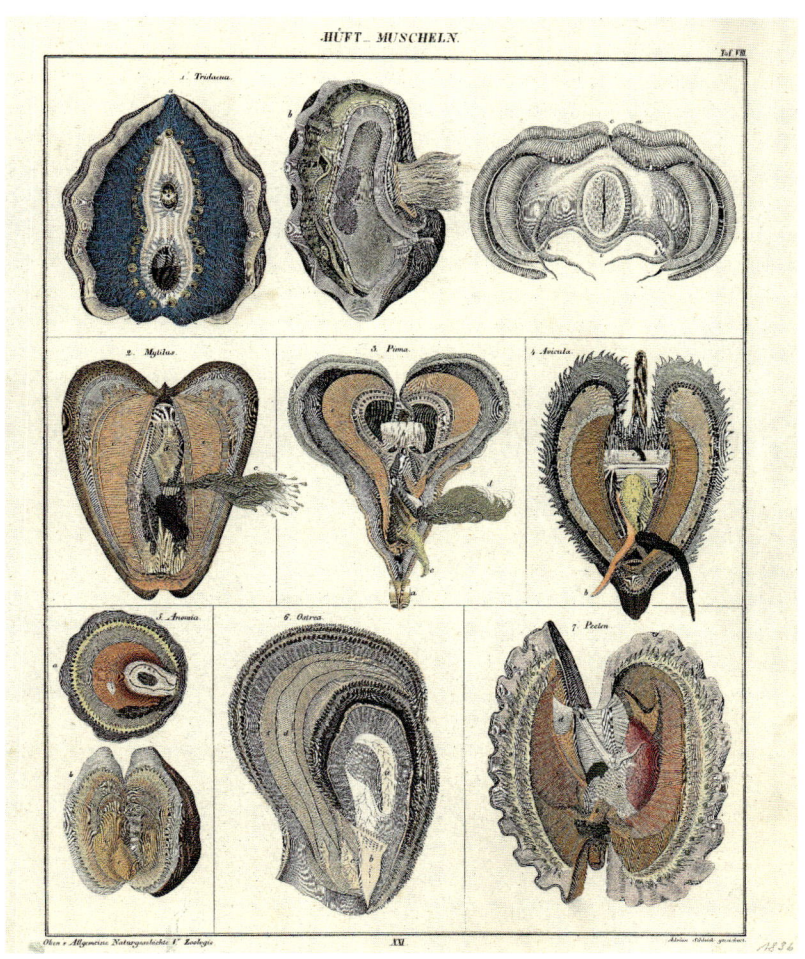

Kolorierter Stich mit der Anatomie von Muscheln und Schnecken,
Anfang des 19. Jahrhunderts

das Wachstum der Schalen zuständig. Am Schalenrand, dort, wo die Schale an Größe zunimmt, befinden sich Zellen, die Conchyn ausscheiden. Ihnen folgen nach innen solche, die grobkristallinen säuligen Aragonit und/oder Calcit bilden. In den älteren Teilen der Muschel sitzen reife Epithelzellen, die feinste Aragonitkristalle in dünnen Schichten, das Perlmutt, abscheiden. Daraus ergibt sich auch der typische Aufbau von Muschelschalen mit einer hornigen, Epidermis genannten Außenseite (Periostracum), einem zentralen Schalenkörper aus Aragonit- und/oder Calcitprismen (Ostracum) und einer Innenseite aus Perlmutt (Hypostracum).

Die feinen Perlmuttschichten verleihen auch den Orientperlen ihre Schönheit. Nur zuweilen besitzen sie auch die vollständige Abfolge einer Muschelschale mit einem kleinen Conchynkern, gefolgt von Aragonitprismen, die in die äußeren, dominierenden Perlmuttschichten übergehen.

Viele Muschel- und Schneckenarten verfügen nicht über die Fähigkeit, Perlmutt auszubilden. Ihre Epithelzellen produzieren lediglich hornartige Substanzen und grobkristallines Calciumkarbonat. Bilden sich in solchen Mollusken Perlen, dann ähneln diese meist den entsprechenden Schalen und Gehäusen. So finden sich porzellanartige weiße Perlen in der großen „Mördermuschel" Tridacna gigas oder roséfarbene in der karibischen Schnecke Strombus gigas. Und die begehrten Perlen der

Oben: Die Perlen der Riesenmuschel
(Tridacna gigas) sind von weißer
Farbe und haben meist eine barocke
Form.
Rechts: Die Schalenperle einer Tri-
dacna zeigt die Übereinstimmung
von Perle und Muschelschale.

Muschel Pinctada margaritifera cumingii faszinieren durch ihr schwarzes, dem Inneren ihrer Muschelschale gleichendes Perlmutt. Aber auch innerhalb einer Muschel können je nach Bildungsort im Muschelkörper solche Aragonit- oder Perlmuttperlen entstehen, wie Schalenperlen beweisen. So bezeichnet man Perlen, die an der Muschelschale angewachsen sind. Sitzen diese in der Nähe des Schalenrandes, wo die Epithelzellen mit der Bildung des Aragonitgerüstes der Schale beschäftigt sind, so zeigen sich Aragonitperlen. Solche, die im Inneren der Schale anhaften, sind typische Perlmuttperlen.

Doch wie und warum entstehen Perlen überhaupt? Bis heute ist dies nicht eindeutig geklärt. Im wesentlichen werden zwei Theorien herangezogen. Die am häufigsten genannte Erklärung, nämlich daß Muscheln in sie eingedrungene Fremdkörper wie Sandkörner oder Schalensplitter mit Perlmutt umhüllen, gehört sicher nicht dazu. Denn weder Röntgenaufnahmen von Perlen noch aufgebrochene Perlen zeigen anorganische Fremdkörper in ihrem Inneren. Wie auch hätten Muscheln im Laufe der Evolution überleben können, wenn Materialien ihres natürlichen Lebensraumes eine ständige Bedrohung darstellten? Denn für die Muschel stellt eine Perle nur einen lästigen Fremdkörper dar, der, gerät er zu groß, ihre Gesundheit gefährdet. Und warum – würde dieser Prozeß der Auslöser sein – führen dann nicht alle Muscheln und

auch Schnecken gleichermaßen Perlen?
Die Perlentstehung muß im wesentlichen auf
andere Prozesse zurückgehen. Da ohne Ausnahme nur die bereits beschriebenen Epithelzellen einer Muschel fähig sind, Calciumkarbonat und Conchyn auszuscheiden, d. h.
Schale oder aber Perlmutt zu bilden, müssen
sie eine zentrale Rolle bei der Perlbildung spielen, und zwar – so eine Theorie der Perlentstehung – auf folgende Weise: Muschelparasi-
ten wie Würmer oder kleine Krebse dringen
meist direkt durch die Schale ins Innere der
Muschel vor. Wenn sie dabei Epithelzellen von
der Oberfläche des Mantels in den Körper der
Muschel verschleppen, dann führen diese im
Körper der Muschel ihre Aufgabe, Perlmutt zu
produzieren, fort und sorgen so irrtümlicher-
weise dafür, daß eine Perle entsteht. Auch eine
mechanische Verletzung einer Muschelschale
könnte zu einer Zellendislokation mit
anschließender Perlbildung führen.
Auch die natürliche Abwehrreaktion einer
Muschel produziert perlartige Gebilde wie die
Blisterperlen, veraltet Chicotperlen. Es sind
rundliche bis warzige Perlmutt-Aufwölbungen
an den Schaleninnenseiten, die die Muschel in
einer Art Schutz- und Abwehrreaktion über
Verletzungen der Schale oder bohrende Ein-
dringlinge gelegt hat.
Eine andere Erklärungsweise, die die Häufung
von Perlen bei bestimmten Muschelarten
berücksichtigt, vermutet bei Perlmuscheln der
Gattung Pinctada zudem eine genetisch

bedingte gutartige Wucherung der Epithelzellen, die eine Perlbildung hervorruft.

Epithelzellen bilden eine einzellige, zweidimensionale Schicht, die wie eine Haut den Mantel der Muschel überzieht. Kommt es nun zu einer Zellwucherung, dann vergrößert sich die Oberfläche mit den Epithelzellen, ohne daß die Umgebung mitwächst. Folglich bilden sich Ausbeulungen und Falten, die in den Muschelkörper hineinragen müssen, da zur anderen Seite hin die Schale ein starres Hindernis bildet. In den so entstandenen Falten oder Taschen, deren Innenwände aus Epithelzellen bestehen, wird weiterhin Perlmutt produziert, es entstehen Perlen.

Die Geschwindigkeit der Perlentstehung hängt von der Wachstumsgeschwindigkeit der jeweiligen Muschelart ab, d. h. von der Geschwindigkeit, mit der die Muschel Aragonitlagen produzieren kann, und davon, wie mächtig diese Lagen im einzelnen sind. So bilden Perlen kälterer Gewässer, wie jene japanischer Akoya-Muscheln oder europäischer Flußmuscheln, sehr viel dünnere Aragonitlagen aus als etwa die großen, dickschaligen Muscheln der Südsee. Am Perlmuttzuwachs von Zuchtperlen läßt sich ermessen, daß die Wachstumsgeschwindigkeiten bei den kleinen, unter 10 cm großen japanischen Perlmuscheln bei rund 0,5 mm in 18 Monaten liegen gegenüber etwa 1,5 mm bei den bis über 30 cm großen Südseemuscheln im gleichen Zeitraum. Das Körpermaß der Muscheln begrenzt auch das mögliche Endformat der Perlen, da ab einer gewissen Größe des Fremdkörpers Perle das Wirtstier verendet.

Einige große und berühmte Perlen

Die wohl berühmteste Perle, die der Kleopatra, entspringt einer Legende. Plinius der Ältere beschreibt im 1. Jahrhundert n. Chr. in seiner „Historia Naturalis" eine Wette zwischen dem römischen Feldherrn Mark Anton und seiner Angebeteten, der ägyptischen Königin Kleopatra. Sein langanhaltendes, kostspieliges Werben um Kleopatra zeitigte keinen Erfolg. Statt ihn zu erhören, erklärte Kleopatra, daß sie ihm das teuerste Mahl der Geschichte ausrichten wolle. Eine daraufhin geschlossene Wette wurde von Kleopatra mit einem prächtigen königlichen Essen eingelöst. Als Mark Anton dennoch spöttisch nach der Rechnung fragte, entgegnete Kleopatra, daß alles bisherige nur die Vorspeise für das noch bevorstehende Mahl im Wert von 60 Millionen Sesterzen sei. Kleopatra trug ein Paar Ohrringe mit zwei überaus wertvollen Perlen, die als die „einzigartigsten Juwelen der Welt" galten. Sie ließ sich ein Gefäß mit Essig reichen, nahm eine der Perlen vom Ohr, tauchte sie in die Flüssigkeit und stürzte diese, nachdem die Perle aufgelöst war, in einem Zug hinunter. Die Legende belegt auf bezaubernde Weise, welche Wertschätzung Perlen im Altertum genossen. Plinius berichtet, daß Perlen als das wertvollste aller wertvollen Dinge galten. Der Wahrheitsgehalt der Legende ist allerdings zweifelhaft, da eine komplette Perle sich kaum, ihr Pulver sich nicht ohne weiteres in Essig auflösen läßt.

Als eine der größten, wenn nicht die größte Perle der Welt gilt die „Perle von Asien". Die 7,5 x 5 cm große und 605 Karat schwere Perle wurde im 17. Jahrhundert im Persischen Golf gefunden. Sie gehörte lange Zeit zu den Kronjuwelen der chinesischen Kaiserin Hsi-tai-hou. Die wie eine Aubergine geformte Perle wurde von einem Londoner Juwelier mit rosafarbenem Jadeit und weiteren Perlen zu einem Schmuckstück verarbeitet und soll heute in einem Londoner Banksafe ruhen.

In der ersten Hälfte des letzten Jahrhunderts trug ein Londoner Bankier, Henry Philip Hope, eine bedeutende Edelsteinsammlung zusammen. Neben dem weltberühmten blauen Hope-Diamanten und vielen anderen außerordentlichen Preziosen enthielt diese Sammlung eine barocke Perle von etwa 454 Karat. Die als Hope-Perle in die Literatur eingegangene Perle besitzt eine annähernd zylindrische Form von 5 cm Länge. Am dünneren Ende hat sie einen Umfang von 8,3 cm, der mächtigste Teil erreicht einen Umfang von 11,5 cm. Sie hat zu drei Vierteln eine überwiegend weiße Farbe, die zu einer Seite in einen bronzefarbenen Ton übergeht.

Eine weitere berühmte Perle ist La Peregrina, „die Pilgerin", eine nahezu perfekte, tropfen-

Das Gastmahl der Kleopatra; Gemälde von
Gérard de Lairesse (1641–1711): Eine in Essig
aufgelöste Perle zum Dessert machte das Mahl
zum teuersten der Geschichte.

förmige Perle von 50,26 Karat mit großer Vergangenheit. Über die Anfänge der im 16. Jahrhundert gefundenen Perle liegen unterschiedliche Berichte vor. So heißt es, der spanische Eroberer Balboa habe die Perle von einem Sklaven konfisziert, der sie im Golf von Panama gefunden hatte. Der Sklave erhielt daraufhin die Freiheit. Als Geschenk Balboas an den spanischen König Ferdinand V., bei dem er in Ungnade gefallen war, gelangt die Perle 1513 in den spanischen Kronschatz. 1556 macht Philipp II. La Peregrina seiner zweiten Frau, Mary Tudor von England, zum Hochzeitsgeschenk. Nach deren Tod, zwei Jahre später, kommt die Perle wieder nach Spanien, wo sie Berühmtheit erlangt, weil Philipp sie als Hutnadel bei großen Anlässen trägt. Napoleons Bruder Joseph, der als König von Spanien eingesetzt worden war, nimmt die Perle 1813 bei seiner Flucht vor den Aufständischen mit nach Frankreich. Mit Prinz Louis Napoleon, der Frankreich 1813 wegen eines Staatsstreichs verlassen muß, gelangt sie schließlich nach England: In Geldschwierigkeiten verkauft dieser die Perle in London an den Duke of Abercorn. Bis 1969 bleibt La Peregrina im Besitz der Abercorns, wird dann aber über die Parke-Bernet-Galleries in New York von Richard Burton erworben. Dieser schenkt sie seiner Frau Elizabeth Taylor, in deren Besitz sie sich bis heute befindet. Allerdings soll deren Hund der kostbaren historischen Perle irreparablen Schaden zugefügt haben.

Der Perlenbohrer; Kupferstich von Christoph Weigel (1654–1725)

Muschelschale, Perlmutt und Operculum

Viele Muscheln, aber insbesondere die großen Pinctada-Arten maxima und margaritifera, und die Schnecke Haliotis wurden schon immer auch unabhängig von ihrer Perlenträchtigkeit befischt. Aus den glänzenden und in vielen Farben schillernden Perlmuttpartien wurden und werden Gebrauchsgegenstände wie Knöpfe, Bestecke, Messergriffe oder kleine Plättchen für Intarsienarbeiten gefertigt. Aus der perlmuttführenden Schale der Turbo-Schnecke wurden früher kleine „Perlen", Antillen- oder Ölperlen genannt, gedrechselt, deren eine Hälfte aus Perlmutt, die andere aus einfacher Schale besteht.

Auch perlmuttfreie Partien oder Schalen finden Verwendung, wenn die Schalen nur dick genug sind und eine attraktive Färbung oder Musterung zeigen. So sind zuweilen aus Muschelschale gefertigte Perlen in Schmuckstücken verarbeitet.

Wenn sich eine Schnecke zu ihrem Schutz in ihr Gehäuse zurückzieht, dann kann sie den Gehäuseeingang mit einer Art rundlichem Schutzschild, dem Operculum, verschließen. Bei unseren heimischen Strandschnecken besteht dieser Verschluß aus einer Hornplatte, bei anderen Schnecken treten attraktiv gemusterte kalkige Verschlußdeckel auf, die für Ketten, als Ornamente, aber auch als Geld verwendet wurden. Besonders beliebt für Schmuckzwecke ist das Operculum der Schnecke Turbo petholatus. Ihr Operculum besteht aus einem farbig gemusterten kugeli-

Schmuck aus der Schale einer Pinctada maxima, der mit einer Paste
aus Anatto-Samen rot eingefärbt wurde; er wird in Papua-Neuguinea als
„Geld" benutzt und hat einen hohen Prestigewert.

gen Dom, dessen Unterseite mit spiralförmigen Wachstumsstrukturen versehen ist.
Form und Muster von Operculi erinnern an Augen, weshalb sie in Skulpturen zuweilen auch als solche verwendet werden.

Perlmutt als Werkstoff

Die besonderen Qualitäten des Perlmutts als Werkstoff und Rohmaterial wurden früh weltweit erkannt. Schon die unbearbeiteten Schalen von Abalonen bzw. Meerohren und von den großen Perlaustern wurden als Schüsseln, Trinkschalen und Räucherbecken genutzt. Im alten Nordamerika dienten die scharfen Schalen von Flußperlaustern (Unionidae) als Klingen von kleinen Muschelbeilchen. Ob sie bei der täglich anfallenden Arbeit oder nur bei besonderen Anlässen rituell verwendet wurden, ist leider nicht bekannt.
Aus großen Perlmuttschalen, meist von der Perlauster, wurden religiöse Bilder und Ikonen geschnitten. In Siam verewigte man das Leben und Wirken des Buddha, in China taoistische Motive, in Südamerika vor allem den Orakelgott und im frühneuzeitlichen Europa natürlich die Jesusgeschichte.
In Europa wurden große perlmutterne Schalen, meist von Nautilus oder von der großen Turbanschnecke (Turbo marmoratus), zu üppigen Trinkgefäßen und Pokalen verarbeitet. Derartige Objekte wurden allerdings kaum zum Trinken genutzt, sondern dienten

Der Verschlußdeckel einer Schnecke
(oben) heißt Operculum. Im Bild
rechts befindet es sich noch in der
Mündung des Schneckengehäuses.

als Tafelschmuck bei Banketten und gehörten zu den kostbarsten Kleinodien der Kunst- und Wunderkammern, der Sammlungen exotischer Gegenstände an fürstlichen Höfen. Damit sollten der Reichtum sowie die Verbundenheit des Adels mit den unbekannten exotischen Welten zur Schau gestellt werden. Im 16. und 17. Jahrhundert herrschte in Europas Aristokratie eine wahre Besessenheit hinsichtlich des Aufbaus und der Präsentation solcher kleinen Schatzhäuser.

Aus Turbanschneckenhäusern wurden in Indien, Tibet, sogar in Europa – hauptsächlich im Frankreich des 19. Jahrhunderts – Schnupftabakdosen und Pfeifen zum Rauchen gefertigt. Aus polierten Schalen von Flußperlaustern stellte man besonders im 18. und 19. Jahrhundert in Deutschland, Frankreich und England Geldbörsen her. Dabei wurde der natürliche Aufbau der zweischaligen Muschel genutzt.

Angelhaken aus Perlmutt

Seit prähistorischen Zeiten wurden in vielen Gebieten, vor allem an der kalifornischen Küste und in der Südsee, Angelhaken und Blinker für den Fischfang geschnitten. Da sich Perlmutt im Gegensatz zu anderen Materialien wie Holz oder Horn gut reinigen läßt, wurden daraus Löffel in verschiedensten Formen gefertigt. Noch heute wird bei uns Kaviar mit einem edlen Perlmuttlöffel serviert. Das Perlmutt fühlt sich an Lippen und Zunge sehr angenehm und glatt an – vielleicht noch ein Hauch der Verführung durch die perlmuttern schimmernde Aphrodite.

Perlmuttlöffel

Perlmuttlöffel eignen sich auch gut für das
Aufstreuen von Räucherstoffen. Die oft kleb-
rigen Baumharze bleiben an diesem Material
nicht so leicht haften. Aus demselben Grund
verwenden Indianer die nordamerikanischen
Abalonenschalen als Gefäße zum zeremoniel-
len Räuchern von Prärie-Beifuß (Artemisia
ludoviciana). Dieser Brauch hat sich heute
auch in der westlichen Welt verbreitet.
Perlmuttstücke kamen an den verschiedensten
Orten der Welt als Intarsien für schmückende
Einlegearbeiten zum Einsatz. In Asien sind vor
allem die Intarsienarbeiten an religiösen
Schreinen und die Buddhabilder aus Thailand
(Siam) berühmt. Mitunter lassen sich ganze
Passagen der Buddha-Legende in Perlmutt
nachvollziehen. In Japan wird Perlmutt gern
für Intarsien an Lackarbeiten, etwa bei den
großen Haarnadeln der Geishas, verwendet.
In Mitteleuropa kam es im 16. Jahrhundert in
Mode, Tische und Stühle, die eher der Deko-
ration als dem praktischen Gebrauch dienten,
mit üppigen Perlmuttintarsien zu verzieren. In
Damaskus gab es um 1600 Fertigungsstätten
für entsprechendes Mobiliar, die nicht nur
Kleinasien, sondern auch Europa belieferten.
Seit dem 17. Jahrhundert wird Perlmutt auch
im Instrumentenbau verwendet. Die Klang-
körper und Griffbretter von Gitarren, Streich-
und anderen Saiteninstrumenten wurden nicht
nur mit dem schimmernden Material verziert,
Perlmutt wurde auch zur Verbesserung des
Klanges und für eine schnellere Grifftechnik

Abalone-Schale
als Gefäß für
Räucherstoffe

beim Greifen von Akkorden als Unterlage an den Hälsen angebracht. Die berühmte Gitarrenfirma Gibson hat noch im 20. Jahrhundert Mandolinenhälse mit Perlmuttbelag gebaut. Im 19. Jahrhundert waren in Europa Schachbretter beliebt, bei denen die weißen Felder mit Perlmutt ausgelegt waren. Messer erhielten gern perlmuttverzierte Griffe.

In den vergangenen Jahrhunderten blühte der Handel mit Perlmuttknöpfen. Sie haben zwei hervorragende Eigenschaften: Zum einen fühlen sie sich gut an, auch auf der Haut, zum anderen zieren sie auf bescheidene oder anspruchsvolle Weise die Kleidung. Bis ins 19. Jahrhundert hinein wurden Perlmuttknöpfe in Norddeutschland, besonders in der Lüneburger Heide, geschnitten. Das hierzu verwendete Material kam meist von den Philippinen und stammte von der großen Kreiselschnecke Trochus niloticus. Diese Kreiselschnecke gehört im Indopazifik zu den häufigeren Arten und wurde überall auch von den Insulanern zur Herstellung von Schmuck, insbesondere von Armreifen, genutzt. Für den expandierenden europäischen Markt wurden im 18. und 19. Jahrhundert auf Ceylon (Sri Lanka) und auf den Philippinen Manufakturen zum Schneiden von Perlmuttknöpfen eingerichtet, die ihre Produkte fast ausschließlich exportierten. Auch in Bethlehem (Palästina) ist das Perlmuttschneiden seit der Mitte des 18. Jahrhunderts ein wichtiger Handwerkszweig. Mitte des 19. Jahrhunderts begann man

Hölzerne Haarnadel mit Perlmuttintarsien aus
Japan, wie sie die Geishas trugen

schließlich, die Pinctada maxima wegen ihrer
dicken, großen Perlmuttschalen vor der Nord-
westküste Australiens intensiv zu befischen.
Ein gern akzeptiertes Nebenprodukt der Perl-
muttgewinnung waren dabei die gelegentlich
aufgefundenen Perlen.
Letztlich findet sich Perlmutt bis heute als Ver-
zierung oder Hauptbestandteil an Schmuckstücken. Weit verbreitet ist die Nutzung von
Muschel- und Schneckenschalen für Motiv-
schnitzereien, als Gemmen. Dafür bedient
man sich eines Schalenstücks, dessen Ober-
und Unterteil lagig eine unterschiedliche Färbung aufweist. Eine Kamee (Camee) entsteht,
wenn ein Motiv erhaben aus dem Material des
Oberteils geschnitzt wird und das abweichend
gefärbte Unterteil quasi den Hintergrund bildet. Oder aber das Motiv wird so tief in das
Oberteil eingraviert, daß es die Farbe des
Untergrundes annimmt. Eine solche Arbeit
bezeichnet man als Intaglio. Für diese Zwecke
besonders geeignet sind die Helmschnecke,
Cassis madagascariensis, und die große karibi-
sche Conch-Schnecke, Strombus gigas. Die
Gemmen der Helmschnecke haben meist ein
flaches weißes Relief auf bräunlichem Hintergrund. Die Conch-Schnecke liefert einen
begehrten Gegensatz von Weiß und Rosé.

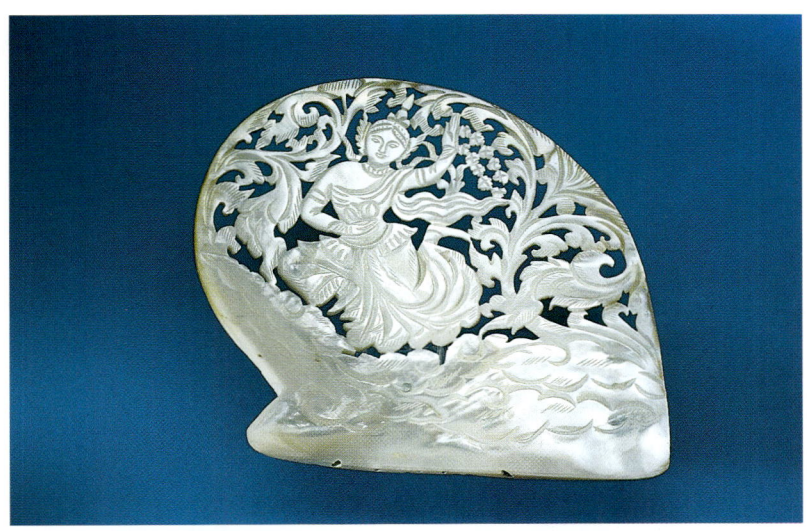

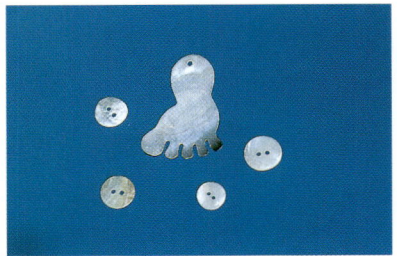

Oben: Perlmuttschnitzereien an der Pinctada-Schale
Unten links: Perlmuttknöpfe
Unten rechts: Auf dieser italienischen Kamee aus der Schale einer Helm-
schnecke (Cassis madagascariensis) wird die Geburt der Liebesgöttin
Aphrodite aus der Muschel dargestellt.

Perlenzucht

Seltene und schöne Naturprodukte stehen seit Menschengedenken in höchstem Ansehen. Größte Anstrengungen wurden unternommen, sogar Kriege wurden geführt, um Edelsteine, Perlen und edle Metalle zu besitzen. Doch nur Reiche und Mächtige konnten diese begehrten und daher wertvollen Objekte erwerben. So hat es eine jahrhundertealte Tradition, solche Dinge – um des Betrugs oder der bloßen Aufschneiderei willen – zu fälschen oder künstlich herzustellen. Von den erfolglosen Versuchen der Alchimie, Gold zu produzieren, bis zu den synthetischen Diamanten, Smaragden und Rubinen unserer Zeit gibt es unzählige Beispiele dieser Bestrebungen.

Zielten die ersten Versuche lediglich darauf, Perlen nur zu imitieren, so wurden im China des 12. Jahrhunderts Versuche unternommen, in der dort heimischen Süßwassermuschel Anodonta plicata durch menschliche Einflußnahme Perlen zu produzieren. Es gelang, kleine Buddhafiguren aus Blei oder Zinn mit Perlmutt zu überziehen, indem man sie auf die Schaleninnenseiten lebender Muscheln klebte. Auch die Implantation von Fremdkörpern in den Körper von Muscheln wurde versucht, in der Hoffnung, diese, mit einer Perlmuttschicht versehen, wieder zu ernten. Aber weder eine künstlich stimulierte Perlbildung noch die Beschichtung freier Objekte wollte gelingen. Erst um die Jahrhundertwende gelang es erstmals, Perlmuscheln dazu zu bringen, runde, künstlich implantierte Kerne mit Perlmutt zu

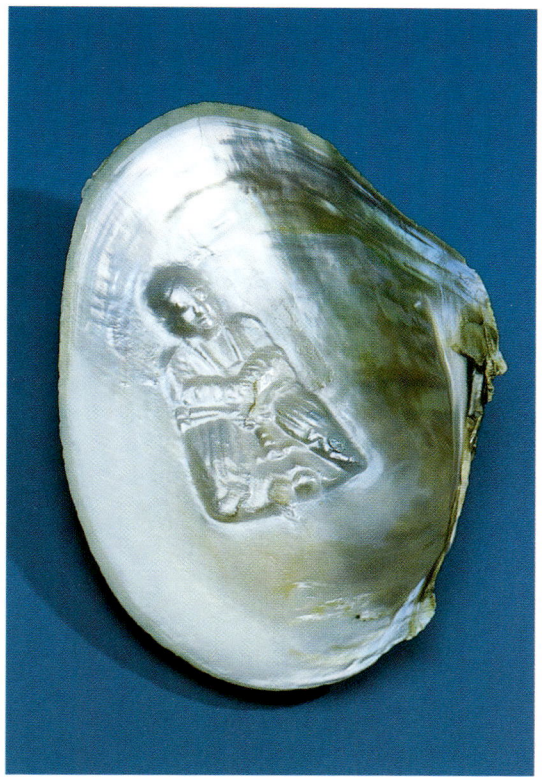

In China werden Buddhabildnisse auf die Innenseite der Schale lebender Flußperlmuscheln
geklebt. Das Tier überzieht sie mit Perlmutt und
baut so die Fremdkörper in die eigene Schale ein.
Perlmutt gilt in Asien als die Farbe des Erleuch-
tungslichts.

überziehen. Es bestand nun die Möglichkeit, durch menschliche Einflußnahme Perlen in Perlmuscheln gezielt entstehen zu lassen. Das damals entdeckte, ebenso einfache wie geniale und in den folgenden Seiten beschriebene Prinzip ist noch heute Grundlage aller weltweit operierenden Zuchtfarmen.

Als Erfinder gelten die Japaner Tatsuhei Mise, ein junger Zimmermann ohne wissenschaftliche Vorbildung, und Tokichi Nishikawa, ein staatlicher Meeresbiologe. Ihnen gelang es in den ersten Jahren des 20. Jahrhunderts unabhängig voneinander, runde Zuchtperlen zu produzieren. Es ist allerdings unklar, inwieweit sie von den Erfahrungen anderer profitierten. Denn bereits um die Jahrhundertwende betrieb auch ein Engländer namens William Saville-Kent vor Kap York, Nordost-Australien, eine Perlfarm, und beide Japaner hatten Kontakte nach Australien. Von dieser australischen Perlfarm existiert noch heute eine Zuchtperlenkette mit Perlen aus der Pinctada maxima.

Infolge der Entdeckung des Zuchtprinzips gelang es dem Japaner Kokichi Mikimoto bereits in der zweiten Dekade unseres Jahrhunderts, die ersten runden Zuchtperlen auf einträgliche Weise zu produzieren und zu vermarkten.

Mikimoto, der Sohn eines Nudelverkäufers, hatte eigene Versuche unternommen, kam aber erst mit der neuen Technik zum kommerziellen Erfolg. Als geschäftstüchtiger Kauf-

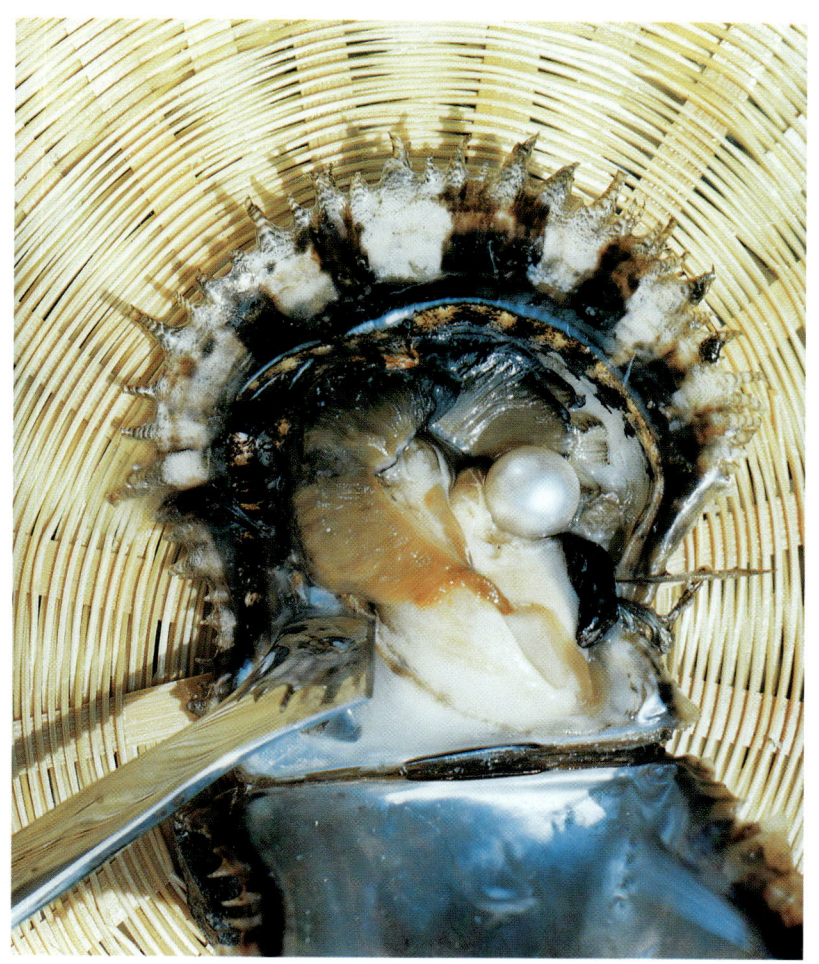

Eine frisch geöffnete Akoya-Muschel offenbart ihre vollkommene Zuchtperle.

mann und geschickter Werbestratege errichtete er in kurzer Zeit ein Firmenimperium, das in seiner Blütezeit zwölf Millionen Perlaustern kultivierte und damit 75% des Weltmarktes mit Zuchtperlen belieferte. Mikimoto war es auch, der nach dem Ersten Weltkrieg mit umfangreichen Werbefeldzügen die Anerkennung von Zuchtperlen erreichte.

Runde Zuchtperlen traten erstmals in einer Zeit in Erscheinung, da die Perlenmode in voller Blüte stand und edle Naturperlen in den Handelszentren wie Paris, London, Bombay und New York höchste Preise erzielten. Ein zeitgenössisches Dokument der Wertschätzung echten Perlenschmucks ist der 1912 erfolgte Tausch des heutigen Cartier-Gebäudes an der Fifth Avenue in New York für eine einzige Naturperlenkette von Opera-Länge!

Zu Beginn ihres Auftretens konnten sich die Experten nicht einigen, wie Zuchtperlen einzuordnen seien, ob es sich um Perlen oder Imitationen handele. Die Tatsache, daß mit damaligen Hilfsmitteln Zuchtperlen von Naturperlen zunächst nur nach dem Zerteilen zu unterscheiden waren, war für den Naturperlenmarkt ein Schock. Die Zuchtperlen Mikimotos fanden zunehmend Akzeptanz beim Kunden, und nach langem Streit wurde ihnen 1924 die Bezeichnung Zuchtperlen zugesprochen, mit der exklusiven Verwendung des Wortes Perle für Naturperlen.

Mit genialem Geschäftssinn legte Mikimoto den Grundstein für die bis heute anhaltende

japanische Dominanz bei der Zuchtperlenpro-
duktion. Die japanische Zuchtperlenindustrie
ist heute zu einer weltweiten Unternehmung
herangereift, mit rund 175 Millionen kulti-
vierten Zuchtmuscheln im Jahr 1996. Durch
große Perlen aus der Südsee, aber insbesondere durch Zuchtperlen aus China mit seinen
konkurrenzlos niedrigen Lohnkosten ist die
Vormachtstellung Japans inzwischen allerdings unter Druck geraten.
Ersetzten die Zuchtperlen in den zwanziger
und dreißiger Jahren kontinuierlich die Naturperlen, so sind spätestens nach dem Zweiten
Weltkrieg Naturperlen weitgehend vom Markt
verdrängt worden. Waren Perlen für unsere
Vorfahren noch von außerordentlichem Wert,
so sind sie heute in Form der Zuchtperle für
viele erschwinglich.
Zuchtperlen werden überall dort produziert,
wo ehedem Naturperlen gefunden wurden.
Die Hauptproduktionsgebiete liegen dabei in
Japan, der Südsee (Französisch-Polynesien),
den Küstenregionen Nord-Australiens und
den südostasiatischen Küstengebieten (Philip-
pinen, Malaysia und Indonesien).
Wie funktioniert nun die Perlenzucht? Der
„Trick" besteht darin, perlmuttproduzierendes
Gewebe, das einer anderen Muschel gleicher
Art entnommen wurde, zusammen mit dem
Zuchtkern in die Muschel einzupflanzen. Man
verwendet dazu Gewebe mit Epithelzellen.
Diese bilden eine einzellige Schicht, eine Art
Haut, die zur Schale hin auf der Oberfläche

des Mantels sitzt und, wie bereits berichtet, je nach Position Conchyn, Aragonitprismen oder Perlmutt für die Schale produziert. Da Muscheln ein offenes Blutsystem besitzen, können die fremden Epithelzellen in der operierten Muschel weiterleben. Hier verrichten die Epithelzellen unbeirrt die Aufgabe, für die sie vorgesehen sind, sie produzieren Perlmutt. Allerdings fügen sie das Perlmutt nicht, wie an ihrem alten Platz, der Innenseite der Muschelschale hinzu, sondern sie scheiden es auf den beiliegenden Zuchtkern und überziehen ihn so mit Perlmutt. Voraussetzung ist, daß bei der Implantation des Zuchtkerns die Spenderzellen mit ihrer perlmuttproduzierenden Seite auf den Kern geklebt werden. Einmal eingepflanzt, wachsen die aus nur einer Zellschicht bestehenden Epithelzellen zweidimensional weiter und legen sich um den Zuchtkern. Dadurch entsteht eine Art perlmuttproduzierender Sack im Körper der Zuchtmuschel. Indem nun der Fremdkörper Lage um Lage mit feinsten Perlmuttschichten überzogen wird, entsteht eine Zuchtperle.

Als Zuchtkerne werden vorwiegend aus Muschelschalen gedrechselte Kugeln verwendet. Man hat Versuche mit den verschiedensten Materialien wie Metall, Ton oder Marmor unternommen. Am besten von den Muscheln angenommen wurden aber bis heute Zuchtkerne aus Muschelschale. Ursprünglich bezog Japan diese Schalen aus China. Seit Ende des Zweiten Weltkriegs wer-

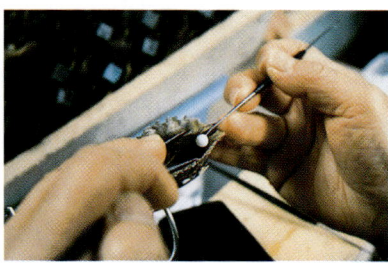

Oben: Mit chirurgischer Präzision pflanzt eine japanische Spezialistin einen Zuchtkern mit aufgelegtem Gewebestück in eine Zuchtmuschel.
Unten links: Dickschalige amerikanische Süßwassermuschel, Ausgangsmaterial für Zuchtkerne
Unten rechts: Ein runder Zuchtkern wird in die leicht geöffnete Zuchtmuschel eingesetzt.

den Zuchtkerne vorwiegend aus der Washboard-Muschel von Tennessee und Mississippi, USA, hergestellt. Bis zu 20 Zuchtkerne kann eine dieser Schale liefern. Meist werden runde Zuchtkerne eingesetzt, die bestenfalls kreisrunde Perlen hervorbringen, häufig aber in ovalen, tropfenförmigen oder nur barocken Formen enden. Von amerikanischen Süßwasserzuchtperlen aus dem Tennessee-Fluß ist bekannt, daß auch ovale Zuchtkerne verwendet werden.

Wie groß die Zuchtkerne sein dürfen, hängt von Größe und Art der Muschel ab. Es sind ja schließlich Fremdkörper, die zudem über eine Verletzung in die Muschel gelangt sind. Ist der Zuchtkern zu groß, stirbt das Tier. Bei den japanischen, nur bis zu 10 cm großen Akoya-Zuchtmuscheln, wissenschaftlich Pinctada martensii, liegt die gebräuchliche maximale Zuchtkerngröße bei etwa 7 bis 8 mm. Je nach Zuchtziel wird einmalig einem großer, oder es werden mehrere kleinere Kerne eingesetzt.

Bei Perlfarmen der Südsee oder der australischen Nordküste, die mit den größeren Pinctada-Arten margaritifera und maxima arbeiten, sind die Kerne bis zu etwa 16 mm groß – mit dem Resultat deutlich größerer Zuchtperlen, der sog. Südsee-Zuchtperlen.

Trotz des einfach erscheinenden Zuchtprinzips bleibt die Gewinnung von Zuchtperlen in der Praxis aufwendig und kompliziert. Wenn die Muscheln nicht selbst in einem drei Jahre währenden Prozeß, bis sie ausgewachsen sind,

Akoya-Zuchtperlen

herangezüchtet werden, müssen sie einzeln
von Tauchern gesucht und eingesammelt werden. Anschließend werden sie in Seewasser-
tanks per Boot oder gar Flugzeug zur Zuchtfarm transportiert. Bevor man ihnen einen
Kern einpflanzen kann, müssen sich die Tiere
erst einmal bis zu einem Jahr im Gewässer der
Zuchtfarm akklimatisieren, und zwar mög-
lichst ungestört, nur unterbrochen von Reini-
gungen alle drei bis vier Monate. Während
dieser Phase und auch im Verlauf der Perl-
zucht müssen die in Netzen und Käfigen
untergebrachten Muscheln von Parasiten und
Konkurrenten um Sauerstoff und Nahrung
befreit und vor natürlichen Feinden geschützt
werden. Bereits zwischen dem Einsammeln
und der Ankunft auf der Zuchtfarm sterben
viele Muscheln beim Transport, weitere bei
der Eingewöhnung in ihre neue Umgebung.
Insbesondere Temperaturschocks setzen die
Muscheln unter Streß, mit der Folge, daß die
Widerstandskraft gegen Infektionen und Para-
sitenbefall nachläßt.
Die Lage der Zuchtfarm ist von zentraler
Bedeutung. Zum Leben und Gedeihen benöti-
gen die Muscheln ein sauerstoff- und nähr-
stoffreiches Wasserreservoir, das sich ständig
erneuert. Ein Standort in einer Bucht oder
zwischen Inseln bietet Schutz vor Unwettern,
zugleich muß jedoch Distanz zu schädlichen
Einflüssen des Menschen gewahrt sein. Andererseits bewirkt die Umweltsensibilität der
Muscheln, daß in Regionen, die wirtschaftlich

stark vom Erfolg ihrer Zuchtfarmen abhängen, dem Naturschutz große Aufmerksamkeit gewidmet wird.

Kurze Zeit nachdem die Muscheln aus dem Wasser genommen worden sind, öffnen sich die nach Berührung fest verschlossenen Schalen. Soll nun ein Zuchtkern eingesetzt werden, wird vorsichtig ein Holzkeil in diese Öffnung gesetzt, damit sich die Muschel nicht wieder schließen kann. Anschließend implantieren – in den meisten Fällen japanische – Experten den Zuchtkern und das wenige Quadratmillimeter große Epithelstück einer fremden Muschel mit chirurgischer Präzision in die Gonaden, die Keimdrüsen, einer Zuchtmuschel. Hier wird das Wachstum der Perle räumlich nicht behindert, und hier versorgt ein lebhafter Stoffwechsel das eingepflanzte fremde Gewebestück. Nach der Operation kommt die Muschel in ein Ruhebecken, bevor sie wieder ins Meerwasser verbracht wird. In den folgenden Wochen und Monaten bilden sich der Perlsack und die Zuchtperle aus.

Kurze Zeit nach der Operation werden die Muscheln einer Röntgenkontrolle unterzogen, um sicherzugehen, daß sie ihren implantierten Kern nicht verloren oder abgestoßen haben. Nach den langen Vorbereitungen und dem schwierigen Prozeß der Zuchtkernimplantation vergeht noch einmal ein Zeitraum von mindestens 18 Monaten bis zur Ernte. In dieser Zeit müssen die unter Bojen und Flößen befestigten Muscheln ständig überwacht wer-

Ganz oben: Zuchtkörbe der kleinen australischen „Byone Harbour Pearl Company" nahe Darwin.
Oben: An der Schaleninnenseite einer Pinctada maxima sind Mabe-Zuchtperlen erkennbar, vorn zwei zufällig entstandene Keshiperlen.
Links: Ein Zuchtkorb mit sechs Pinctada maxima, denen jeweils ein großer Zuchtkern eingesetzt wurde

den. Einer der wichtigsten Faktoren ist hierbei die regelmäßige Reinigung der Muscheln. Sie erfolgt mit Hochdruckreinigern oder, auf kleinen Farmen, noch mühsam per Hand.

Nach eineinhalb Jahren haben die Zuchtkerne im Idealfall eine Perlmuttschicht von 0,5 mm bei japanischen Perlen und etwa 1,5 mm bei Südseeperlen erreicht. Der weltweite Konkurrenzdruck auf dem Perlenmarkt hat aber dazu geführt, daß einige Züchter die Zuchtdauer bis zur Ernte verkürzen und dadurch minderwertige Perlen mit zu dünnem Perlmuttüberzug in den Handel bringen.

Die Dicke der Zuchtschicht ist für die Dauerhaftigkeit von Zuchtperlen von großer Bedeutung. Beim Tragen von Perlen geht durch äußere Einwirkungen wie durch das Scheuern auf Textilien oder die Auswirkungen von Schweiß langsam Perlmuttlage um Perlmuttlage verloren. Eine zu dünne Zuchtschicht kann abplatzen, oder es scheint nach kurzer Zeit der matte weiße Zuchtkern aus dem Inneren durch.

Der Erfolg einer Ernte hängt von vielen Faktoren ab. Eine allgemeine Faustregel für Salzwasserzuchtperlen besagt: Von 100 mit Zuchtkernen versehenen Muscheln stirbt etwa die Hälfte, oder der Zuchtkern wird abgestoßen. Die restlichen 50 Muscheln ergeben vielleicht 25 für Schmuck verwendbare Perlen, darunter oft nur wenige ausgezeichnete Exemplare.

In den kalten Wintermonaten wachsen die Muscheln langsamer, die Zuchtkerne werden

mit dünneren Aragonitlagen überzogen. Feine,
gleichmäßige Aragonitlagen führen zu besonders schönem Lüster, so daß die Perlen meist
gegen Ende des Winters geerntet werden.
Filigrane Einpflanzprozeduren, lange Pflege-
zeiten und hohes Ernterisiko erklären den
hohen Preis guter Zuchtperlen.
Nur bei den großen Pinctada-Arten besteht
die Möglichkeit, die Zuchtperlen vorsichtig
herauszunehmen und in den vorhandenen
Perlsack einen neuen, größeren Zuchtkern ein-
zusetzen. Bei gesunden Muscheln und optima-
len Bedingungen kann dieser Vorgang ein- bis
zweimal wiederholt werden. Werden die
Muscheln zu alt oder schwach, klebt man
ihnen in einem letzten Zuchtakt Halbkugeln
oder andere Formen aus Kunststoff, Wachs
oder anderen Materialien auf die Innenseite
der Schale. In der Folgezeit überzieht die
Muschel diese Formen im Rahmen ihres
Schalenwachstums mit Perlmutt, wodurch
Halbperlen entstehen, die man als Zuchtscha-
lenperlen oder Zuchtblisterperlen bezeichnet.
Derartige Halbperlen laufen heute meist unter
der Bezeichnung Mabe-Perlen. Dieser japanische Begriff wurde ursprünglich nur für Halbperlen aus der Pteria penguin verwendet, einer
Muschel, die für freie Zuchtperlen ungeeignet
ist, sich aber wegen ihrer qualitativ hochwerti-
gen und schnellen Perlmuttproduktion ausge-
zeichnet für die Halbperlenzucht eignet.
Die Gewinnung von Schalenperlen geht mit
dem Tod der Zuchtmuschel einher. Nach dem

Mabe-Zucht-
perlen

Keshi-Zucht-
perlen

Öffnen der Muscheln und dem Reinigen der
Schalen werden die Mabe-Perlen mit einem
Hohlbohrer aus der Muschel herausgefräst.
Den so gewonnenen Halbperlen werden meist
die Zuchtformen entfernt, der Hohlraum wird
mit Kunstharz verfüllt und die Rückseite mit
einem flachen Perlmuttstück verschlossen oder
mit einer Perlmutthalbkugel vervollständigt.
Das verbleibende Perlmutt der Schale wird
schließlich zur Herstellung von Kunst- und
Gebrauchsgegenständen benutzt.
Geht der Zuchtkern verloren – ein nicht selte-
nes Ereignis – und das Epithelstück verbleibt
in der Muschel, kommt es trotzdem zu einer
Perlenbildung. In diesem Fall oder wenn von
vornherein nur das Gewebestück eingepflanzt
wurde, produzieren die Epithelzellen Perlmutt
ohne Formvorgabe. Es entsteht eine unregelmäßig geformte Perle, häufig mit einem kleinen Hohlraum im Inneren. Die auf diese Art
künstlich produzierten Salzwasserperlen werden heute als Keshiperlen bezeichnet. Der
Begriff Keshi stammt aus dem Japanischen
und bedeutet Mohn. Mohn- oder auch Saat-
perlen wurden ursprünglich nur 1 bis 3 mm
große Perlen genannt, die, unbeabsichtigt entstanden, bei der Ernte japanischer kerngezüchteter Perlen in der Zuchtmuschel gefunden wurden. Da der Mensch sie nicht bewußt
produziert hatte, wurden sie lange Zeit als
echte Perlen gehandelt. Heute geht man davon
aus, daß diese Perlen durch einzelne vagabun-
dierende Epithelzellen hervorgerufen werden,

Südsee-Zuchtperlen mit den vielfältigen Farbnuancen des Perlmutts der
Pinctada margaritifera cumingii

die der Implantationsvorgang freisetzt hat.
Je nach Pinctada-Art beziehungsweise -Unterart variiert die Farbe des Perlmutts. Unabhängig davon, ob es sich um Naturperlen oder um Zuchtperlen handelt, können somit Perlen entstehen, deren Farbnuancen sich voneinander unterscheiden. Und das nicht nur von Muschel zu Muschel und Lebensraum zu Lebensraum, sondern auch innerhalb einer Muschel. Betrachtet man eine perlmuttführende Muschelschale, so zeigt sich zumeist eine Farbveränderung vom Zentrum zum Rand der Schalen. Entscheidend für die Farbe ist, in welchem Bereich der Muschel die Naturperle entsteht bzw. aus welchem Bereich die Epithelzellen für die Zucht entnommen werden.

In Französisch-Polynesien (Tahiti, Tuamoto-Inseln) und auf den neuseeländischen Cook-Inseln ist die Pinctada margaritifera cumingii beheimatet. Das Besondere an dieser Muschel ist die im Inneren der großen Schalen ausgelegte Farbbreite ihres Perlmutts von weiß über silber und grau bis zu tiefschwarz. Seit den sechziger Jahren gelingt es, Zuchtperlen mit der Pinctada margaritifera cumingii zu produzieren. Das begehrteste Resultat sind über 1 cm große, tiefschwarze Perlen mit irisierendem Orient.

In den zwanziger Jahren begann man im nordöstlich von Kyoto (Japan) gelegenen Biwa-See, die schnell wachsende Süßwassermuschel der heimischen Art Hyriopsis schlegeli für die Perlenzucht mit Kernen zu bepflanzen. Später

Südsee-Zuchtperlen

stelle man fest, daß man auf einen Kern ver-
zichten kann, und produzierte so nach dem
Zweiten Weltkrieg kernlose Süßwasserzuchtperlen in kommerziellen Mengen. Obwohl
bald darauf auch in anderen Seen und seit
Ende der sechziger Jahre insbesondere in
China Süßwasser-Zuchtperlen produziert wurden, liefen sie wegen der Dominanz der Biwa-
Produkte im Handel meist fälschlicherweise
unter der Bezeichnung Biwa- oder Biwaco-
Zuchtperlen.

Der Vorteil der Süßwasser-Perlenzucht liegt in
der leichteren Pflege und dem schnelleren
Wachstum der Muscheln, vor allem aber
darin, daß nur Gewebestückchen verwendet
werden müssen. Je nach Alter und Größe der
Muschel können auf jeder Schalenseite bis zu
30 Epithelstücke in das Bindegewebe des
Mantels eingepflanzt werden. Somit reifen im
Grunde in einer Muschel die Komponenten
einer ganzen Perlenkette. Nach eineinhalb
Jahren ist bereits eine etwa 3 mm große Perle
entstanden. Läßt man die Perlen länger in der
Muschel, so kann man erwarten, daß einige
von ihnen nach rund drei Jahren bis auf 7 mm
herangewachsen sind.

Süßwasser-
Zuchtperlen

Süßwasser-Zuchtperlen bis zu einem Durchmesser von 10 mm sind heute schon keine Sel-
tenheit mehr, vereinzelt werden Maße von 15
x 13 mm erreicht. Durch verbesserte Zucht-
methoden lassen sich sogar nahezu runde und
bis zu 12 mm große Süßwasserperlen von ausgezeichneter weißer Farbe herstellen. Mit der

Perlenentnahme kommt es zudem nicht zum
Verenden der Muschel, sondern sie produziert,
in ihren Lebensraum zurückgesetzt, in den
vorhandenen Perlensäcken erneut Perlen.
Der hohe Ertrag pro Muschel und das schnelle
Wachstum führen dazu, daß Süßwasserperlen
heute in großer Zahl und Vielfalt verfügbar
sind – zu einem entsprechend geringen Preis.
Viele unnatürlich gefärbte Süßwasser-Zuchtperlen oder solche, deren Eigenfarbe nachge-
bessert wurde, erreichen den Markt, und
dabei erstreckt sich schon die natürliche Farb-
palette von Süßwasser-Zuchtperlen von weiß,
champagner, creme, rosa und hellviolett über
bräunlich, orange und braun. Im Biwasee, wo
alles begann, kann seit Anfang der neunziger
Jahre die Perlenzucht aufgrund starker
Umweltbelastungen des Sees nicht mehr
betrieben werden.
Seit langem versucht man in Amerika und
neuerdings verstärkt in Neuseeland Perlen in
einer Schnecke zu züchten. Deren dunkles, in
vielen Farben schillerndes Perlmutt ist bereits
unter dem – leider irreführenden – Namen
„Seeopal" im Schmuckhandel vertreten. Es
handelt sich dabei um die Abalone, eine aufgrund ihrer dem menschlichen Ohr ähnelnden
Schale auch Seeohr genannte Schnecke, die in
vielen Meeren der Welt zu finden ist. Die
Schnecke besitzt allerdings einen kräftigen
Fuß, der sehr effektvoll Fremdkörper zwischen Körper und Schale auswerfen kann.
Andererseits verblutet sie bei Verletzungen

sehr leicht, da ihr Blut nicht gerinnt. So hat man zunächst fest auf der Schale verankerte Halbkerne zu Blisterperlen heranreifen lassen. Bis zu 2 cm große Halbperlen in bläulichen, grünlichen und seltenen purpurnen Farbtönen konnten in der neuseeländischen Art der Abalone (Haliotis iris), dort Paua genannt, in einem Zeitraum von 24 bis 30 Monaten herangezogen werden. Die brillanten und ungewöhnlichen Perlmuttfarben dieser Schnecke beflügeln die Bemühungen, in Zukunft freie runde Perlen zu gewinnen.

Irisierendes dunkles Perlmutt der neuseeländischen Paua-Schnecke (Haliotis iris)

Eine gelegentlich gestellte Frage lautet, ob Muscheln bei der Implantation eines Zuchtkerns oder von Epithelstücken Schmerzen erleiden, ob also die Perlenzucht Tierquälerei sei. Diese Frage wird sich nie mit allerletzter Gewißheit klären lassen, da uns das Tier als Interviewpartner nicht zur Verfügung steht. Wissenschaftliche Untersuchungen haben jedoch gezeigt, daß Mollusken keine Schmerzrezeptoren besitzen, also keinen Schmerz empfinden können, wie wir ihn kennen. Bei Muscheln sind lediglich Mechanorezeptoren vorhanden, die eine Bewegungsreaktion des Körpers auf äußere Reize wie etwa Berührungen oder Verletzungen bewirken. Zu guter Letzt liegen dem Perlfarmer das Wohlbefinden und die Gesundheit der Muscheln sehr am Herzen, steht und fällt doch der Erfolg seines Unternehmens mit der Vitalität seiner Tiere. Die Mollusken (Mollusca) oder Weichtiere sind ein sehr alter Stamm der Lebensformen in der Evolution. Es sind bis heute etwa 130 000 lebende bzw. rezente Arten bekannt. Damit gehören sie neben den Arthropoden oder Gliederfüßern (Insekten, Spinnen, Krebse usw.) zu den artenreichsten Tierstämmen überhaupt. Die meisten Tiere des Weichtierstammes leben im Meer, nur wenige im Süßwasser oder gar am Land.

Die Mollusken sind schon zu Beginn der Evolution artenreich vertreten. Man findet Versteinerungen oder Fossilien von ihnen bereits in präkambrischen Schichten, also in Ablagerungen, die über 570 Millionen Jahre alt sind. Ihre erste Blüte erlebten die Weichtiere im Kambrium, der ältesten Formation des Erdaltertums (vor 570 bis 500 Millionen Jahren). Die meisten Arten bildeten bereits Schalen mit Perlmuttschichten aus: Perlmutt stammt aus der Frühgeschichte des Lebens und begleitet uns bis heute.

Das älteste erhaltene Perlmutt

Kammerscheidewände (Lobenlinien) von Baculites, erdgeschichtlich bedeutenden Tintenfischen

Die Tintenfische oder Cephalopoden bilden die am höchsten entwickelte und spezialisierte Klasse der Mollusken. Die erdgeschichtlich bedeutendste Ordnung sind die Ammoniten (Ammonoidae). Sie sind im Devon, also vor ca. 400 Millionen Jahren, entstanden. Die Ammoniten bilden spiralig eingerollte, gekammerte Gehäuse mit einer dicken Perlmuttschicht aus. Die spiraligen Schalen der Ammoniten waren sehr stabil und beständig. Daher

Das aufgesägte Gehäuse eines heutigen Nautilus pompilius (oben)
offenbart die raffinierte Kamme-
rung, der aufgesägte versteinerte
Nautilus (rechts) zeigt, daß sich die
Schalen- und Kammerstruktur seit
der Jurazeit (vor etwa 180 Millionen Jahren) nicht mehr verändert
hat.

Ammoniten, deren Perlmutt- schalen gut erhalten geblie- ben sind; aus Juraablagerun- gen des Wolga- gebiets, Rußland

kommen sie häufig als Fossilien vor. Manch- mal gibt es Versteinerungen, bei denen nur die Ausfüllung der Schale als sog. Steinkern erhalten geblieben ist. Manchmal ist auch die Schale versteinert, wobei sich die Kristall- struktur des Materials verändert hat: Der Ara- gonit in der Schale ist zu Calcit umkristalli- siert.

Es gibt aber ein paar berühmte Fundstellen von versteinerten Ammoniten, bei denen die originale Perlmuttschicht der Schale über die Jahrmillionen erhalten geblieben ist. Solche Fossilien werden Perlmuttammoniten, im Volksmund auch „Perlschnecken" oder „Perl- schnecklein", genannt.

Die meisten Erhaltungen von Perlmutt stam- men aus den Ablagerungen der Jura- und Kreidemeere. Ein klassischer Fundpunkt ist die südenglische Küste von Somerset. Dort steht der jurassische Schiefer in der Gezeiten- zone der Nordsee. Er läßt sich leicht spalten und enthält zahlreiche fossile Ammoniten- schalen, die ganz plattgedrückt sind und deren Schalenreste in allen Regenbogenfarben fun- keln. Sie sind etwa 200 Millionen Jahre alt. Die Perlmuttammoniten der Kreidezeit sind nicht plattgedrückt zwischen den Gesteins- schichten erhalten, sondern dreidimensional in der Originalstruktur überliefert. Wunder- schöne schillernde Exemplare wurden in den Kreidefelsen von Folkstone, Kent, in England gefunden. Ihre Perlmuttschalen funkeln in dunklen Rot-Grün-Tönen und haben insge-

samt einen metallischen Glanz. Sie sind etwa
120 Millionen Jahre alt.
Daß sich Perlmuttschalenreste aus der Kreidezeit im Sediment erhalten haben, ist nicht so
selten. Es gibt Fundstücke aus Deutschland,
Rußland, Japan und Nordamerika. Das erdgeschichtlich älteste bisher entdeckte Perlmutt
stammt von Ammoniten der Gattung Heden-
stroemia. Sie wurden in der Nähe von Mos-
kau in permischen Ablagerungen gefunden.
Dieses Perlmutt zeigt, obwohl rund 280 Millionen Jahre alt, immer noch den charakteri-
stischen Schimmer.

Fossile Perl-
auster aus der
Oberkreide,
South Dakota
(ca. 65 Millio-
nen Jahre)

Ammolith, die „Grandmother-of-pearl"

Seit ein paar Jahren kommen immer mehr
Schmuckstücke mit einem meist rot-gelb-grün,
aber auch blau irisierenden „Schmuckstein"
namens Ammolith auf den Markt. So wird die
fossile, fragmentierte Schale kreidezeitlicher
Ammoniten genannt. Das Herausragende am
Ammolith ist die Farbtiefe im Perlmutt der
etwa 70 Millionen Jahre alten Bearpaw-For-
mation-Fossilien aus Alberta, Kanada.
Manchmal werden komplette Exemplare von
Placenticeras-Arten gefunden, oft gibt es nur
Bruchstücke von zerdrückten Schalen. Bei
ihnen kann das Farbenfeuerwerk noch lebhafter sein. Man hat die Ammolithe deswegen
auch lumachelle oder „Feuermarmor"
genannt, sogar mit dem Opal verglichen.
Die spektakulären Farben des Ammoliths sind

nicht auf Pigmente zurückzuführen, sondern auf optische Vorgänge im fossilen Perlmutt. Das so intensive Farbenspiel im Ammolith entsteht, weil das Originalmaterial im Lauf der Jahrmillionen verändert wurde. Es hat durch Umkristallisation unter geologischem Druck der es umgebenden Gesteinsschichten eine Verdichtung erfahren, die zu noch kräftigerem Farbenspiel als beim heutigen Perlmutt führte. Wenn nun diese Fossilien nach 70 Millionen Jahren wieder das Licht erblicken, erstrahlen in ihnen bzw. durch sie die schönsten Farben des Regenbogens.

Perlmuttammoniten und Büffelsteine

Der Pierre Shale, eine Ablagerung von schwarzem Schiefer, zu dem die Fox Hills Formation von South Dakota und die Bearpaw-Formation von Montana gehören, wurde aus Meeressedimenten gebildet und ist sehr fossilreich (Obere Kreide, ca. 65 Millionen Jahre alt). Berühmt bei Paläontologen und Fossiliensammlern ist die vielfältige Ammonitenfauna des Pierre Shale: planspiralige Ammoniten (Sphenodiscus, Placenticeras) buckelige Scaphiten (Jeletzkytes, Hoploscaphites, Discoscaphites) und langgestreckte Baculiten (Baculites). Diese Fossilien sind meist sehr gut erhalten und tragen oft noch die ursprüngliche Perlmuttschale („Perlmuttammoniten"). Der schwarze Pierre Shale tritt in den Prärien von South Dakota und Montana nur in

Ammolith nennt man das fossile Perlmutt kreidezeitlicher Ammoniten, das in allen Farben des Regenbogens schimmert. Der für Schmuck am besten geeignete Ammolith (Baculites sp.) stammt aus einer Gegend bei Lethbridge, Alberta, Kanada – so wie dieses Stück.

den Flußbetten und tieferen Canyons zutage.

Den Prärie-Indianern (Dakota, Crow, Blackfeet) sind diese Versteinerungen schon früh aufgefallen. Die Blackfeet nannten sie iniskim, „Büffelsteine", und benutzten sie bei magischen Ritualen zur Büffeljagd. Die Dakota erkannten in den Baculiten „versteinerte Fische". Sie wurden von Schamanen als heilende Medizin über den Körper des Patienten gerieben. Der zeremonielle Name aller Ammoniten, Scaphiten und Baculiten, die bei Ritualen verwendet wurden, lautet tike'iyuha. Wenn der Büffel ausblieb, mußte er magisch gerufen werden. Bei einigen Stämmen gab es besondere Schamanen, die „Büffelrufer" oder „Der-den-Bison-ruft" genannt wurden und deren Hauptaufgabe das Anlocken der Herden war. Sie kannten die richtigen Rituale und benutzten die entsprechenden Zaubermittel, nämlich die Büffelsteine.

Ammoniten und Baculiten wurden auch von den Stämmen des Südwestens, den Pueblo und Navajo, als Fetische verwendet. Die Navajo nennen diese Versteinerungen wanisugna, „Leben im Samen, Samen in der Schale". In den perlmuttbesetzten Ammoniten sahen die Navajo-Medizinmänner versteinerte Schuppen der „großen Schlange". Sie wurden in Medizinbündeln verwahrt und bei Heilungszeremonien verwendet. Mit diesen Steinen wird die „Kraft des Büffels" vom Heiler auf den Patienten übertragen.

Oben: Die farbenfrohen Perlmuttammoniten von Somerset sind
plattgedrückt im jurassischen Schiefer versteinert.
Rechts: Der perlmuttglänzende
Büffelstein ist ein versteinerter
Ammonit (Jeletzkytes sp.) aus dem
kreidezeitlichen Pierre Shale von
South Dakota, USA.

Versteinerte Perlen

Wenn Mollusken, die in ihrem Körper Perlen bergen, sterben und zergehen, so zerfallen auch meist die Perlen mit ihnen. Sie werden meist schon am Meeresboden zerstört, bevor es zu einer Einbettung im Sediment kommen kann. Fossile oder versteinerte Perlen sind deshalb extrem selten.

In einer englischen versteinerten Auster (Gryphaea dilatata), die als „Teufels Zehennagel" bezeichnet wird, wurde eine versteinerte Perle mit einer barocken Form gefunden, die wahrscheinlich an der Schale angewachsen war. Sie stammt aus dem Jura (Kimeridgian), ist also um die 150 Millionen Jahre alt. In den Kreidefelsen von Kent wurde auch die fossile Schale einer Inoceramus-Auster (Familie Aviculidae) entdeckt, in der Perlen eingewachsen waren. Diese spektakulären, etwa 70 Millionen Jahre alten Fundstücke gehören zur Sammlung des Britischen Museums in London.

In kreidezeitlichen Ablagerungen im nördlichen Kalifornien wurden sogar ein paar braune Perlen gefunden, die an einigen Stellen noch den Perlmuttschimmer zeigten. Bei genaueren Untersuchungen konnte bestätigt werden, daß diese fossilen Perlen in ihrer ursprünglichen Struktur den heutigen Perlen gleichen.

Auch in Deutschland konnten in den Schalen fossiler Inoceramus-Austern der Kreidezeit

eingewachsene, birnenförmige Perlen entdeckt
werden; leider zeigten sie nicht mehr den typi-
schen Glanz und waren im Muttergestein nur
schwer zu erkennen. 1986 wurde in den Ablagerungen aus der Oberkreide in der Nähe von
Osnabrück erstmals eine freie Perle als Fossil
geborgen. Da die versteinerte Sensation nicht
in der Schale oder in einem Steinkern einer
Muschel oder Schnecke entdeckt wurde, kann
nur vermutet werden, daß sie von einer Inoceramus-Auster stammt.

Imitationsperlen

Schon frühzeitig wurde versucht, Perlen zu imitieren. Aus dem Ägypten römischer Zeiten sind versilberte Glaskugeln mit einer weiteren überdeckenden Glasschicht, sog. Luli, bekannt. In Grabbeigaben amerikanischer Ureinwohner fanden sich neben echten Perlen auch solche aus gedrechselter Muschelschale, und im Venedig des 16. Jahrhunderts wurden hohle, schillernde Glasperlen hergestellt, die innen mit Wachs oder sogar Quecksilber gefüllt waren. Auch schwarze Perlen wurden durch die Verwendung von Hämatit, einem schwarzen Eisenerz, Anthrazit oder schwarzem Glas imitiert.

Heutzutage ist eine Vielfalt von Imitationsperlen unterschiedlichster Qualitäten auf dem Markt, die ihrem Anspruch, Perlen zu gleichen, oft nur in bescheidenem Maße genügen. Sie bestehen aus kugeligen Kernen, die mit Substanzen überzogen sind, die dem Erscheinungsbild von Perloberflächen ähnlich sind. Die einfachsten Imitationen bestehen aus Plastikkernen mit einem silbrigen Farb- oder Kunststoffüberzug. Ihr Aussehen und das geringe Gewicht verraten sofort das Kunstprodukt. Andere Imitationen verwenden meist Kerne aus Muschelschale oder Glas und sind mit Farb- oder Lackschichten umgeben. Hochwertige Imitationen sind mit Fischsilber, auch Essence d'Orient genannt, überzogen. In der zweiten Hälfte des 17. Jahrhunderts stellte der französische Rosenkranzhersteller Jaquin daheim verwundert fest, daß Wasser, in dem Weißfische der Seine gesäubert wurden, wie Perlmutt zu schillern begann. Bei näherer Untersuchung stellte sich heraus, daß diese Erscheinung mit den Schuppen der Fische in Zusammenhang stand. Er filterte das schillernde Material aus dem Wasser und vermischte es mit einem Firnis, um es als Farbe zu verwenden. Er nannte die Substanz Essence d'Orient, da der Extrakt den Orient, also das Farbenspiel, von Perlen enthält. Um nur einen Liter dieser Flüssigkeit zu gewinnen, bedurfte es rund 2000 Schuppen. Jaquin stellte hohle Glaskugeln her, die, mit der Essenz ausgeschwenkt und abschließend mit Wachs gefüllt, vortreffliche Perlimitationen ergaben.

Aus dem Innersten der Nautilusschale gefertigte „Osmond-Perlen"

Spätere Untersuchungen konnten das Geheimnis der Essenz lüften. Auf den Schuppen der Weißfische aus der Seine wie etwa auch auf Heringsschuppen lagert sich in Form winziger farbloser Kristalle die Substanz Guanin, ein Zersetzungsprodukt von Eiweißen, ab. Bei Wechselwirkung des Lichtes mit den winzigen Kristallen kommt es wie bei den Aragonitkristallen des Perlmutts zu Interferenzen, die zu dem attraktiven Farbenspiel führen.
Auch die heute im Handel weit verbreiteten Majorika-Perlen, hochwertige Imitationen, die auf der Baleareninsel Mallorca hergestellt werden, verwenden das Fischsilber. Bei diesen Imitationen besteht der Kern aus einem trübweißen Bleiglas, dem mehrere Schichten Fischsilber und eine abschließende farblose Schutzschicht aufgetragen werden.

Die Identifikation von Perlen

Werden einzelne Perlen oder Perlenschmuck zur Prüfung vorgelegt, so stellt sich zuallererst die Frage, ob es sich tatsächlich um Perlen oder nur um eine der vielen Imitationen handelt. Eine sehr einfache Untersuchung, für die man nur eine starke Lupe und ein wenig Erfahrung benötigt, macht sich die unterschiedlichen Oberflächenstrukturen von Perlen einerseits und allen bekannten Imitationen andererseits zunutze. Unter starker Vergrößerung betrachtet und seitlich beleuchtet, zeigen alle Perlen, ob nun Orient- oder Zuchtperlen, ob in Süß- oder Salzwasser entstanden, ein charakteristisches Linienmuster an der Oberfläche. Dieses durch die feinen Aragonitlagen des Perlmutts hervorgerufene Muster erinnert an die Höhenlinien einer topographischen Landkarte oder, noch einfacher, an einen Fingerabdruck. Eine derartige Oberflächenstruktur findet man bei Imitationsperlen nie. Sie zeigen unter der Lupe meist eine strukturlose narbig-sandige Oberfläche.

Das Linienmuster von Perlen wird durch die winzigen Absätze bzw. Abbruchkanten der einzelnen einander überlappenden Aragonitlagen, also durch winzige Höhenunterschiede, hervorgerufen. Eine alte Volksweisheit besagt, daß Perlen, vorsichtig über die Zahnkante rotiert, sich rauher anfühlen als Imitationsperlen. Mit diesem erstaunlichen Tastvermögen des menschlichen Zahns und etwas Übung lassen sich Perlen von Imitationen unterscheiden. Es sei jedoch vor derartigen Tests gewarnt, da

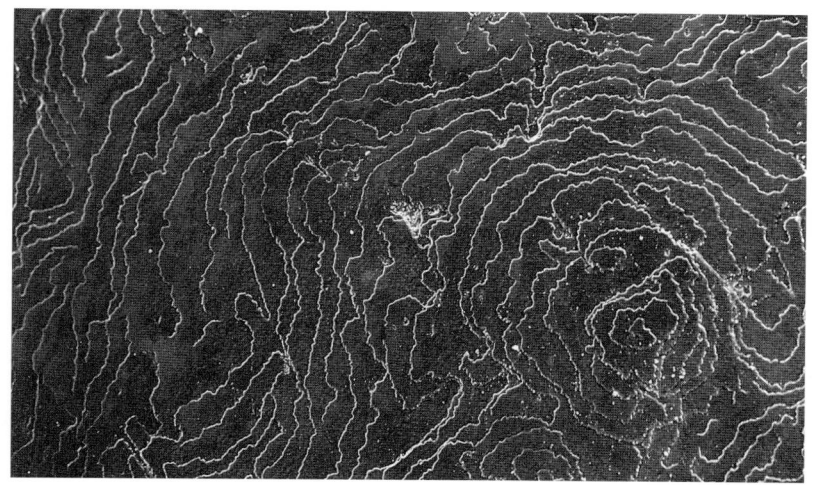

Diese Aufnahme mit dem Rasterelektronenmikroskop zeigt die charakteristische Oberflächenstruktur von Perlmuttperlen. Die auslaufenden Aragonitschichten erscheinen hier als feine subparallele Linien.

Zähne eine größere Härte als Perlmutt besitzen und somit Perlen beschädigt werden.

Ein weiterer Hinweis auf Imitationen ist am Bohrloch zu suchen. Häufig reichen die Farbüberzüge in diesem Bereich über das Bohrloch hinaus, oder sie sind durch das Tragen abgeplatzt, so daß der Kern sichtbar wird.

Ist sichergestellt, daß tatsächlich Perlen vorliegen, befaßt sich der nächste Prüfungsschritt mit der Entstehungsweise der Perlen. Sind es Naturperlen, oder hatte der Mensch bei der Entstehung seine Hand im Spiel? Wenn Perlen als Ketten vorliegen, gibt der Gesamteindruck erste Hinweise. Da es fast unmöglich ist, gleich große Naturperlen zusammenzustellen, zeigen Naturperlenketten meist einen Verlauf mit kleinen Perlen am Verschluß und den besten und größten Perlen im Zentrum. Ihre Farbabstimmung ist dabei nie so perfekt wie bei Zuchtperlenketten, die mit nahezu gleich großen und in der Farbe einheitlichen Perlen angeboten werden.

Um die Echtheit von Naturperlen allerdings zweifelsfrei diagnostizieren und dokumentieren zu können, werden sie einem oder mehreren Röntgenverfahren unterzogen. Zunächst nutzt man die Eigenschaft von Röntgenstrahlen, daß sie mit kristalliner Materie in Wechselwirkung treten. Läßt man einen feinen Röntgenstrahl durch eine Naturperle hindurchlaufen, dann wird er an gewissen Strukturen des Kristallgitters der die Perle aufbauenden feinen Aragonitkristalle – vereinfacht ausgedrückt – reflektiert. Es entsteht ein sog. Röntgenbeugungsbild, das hinter der Perle auf einem Film festgehalten oder auf einem Bildschirm betrachtet werden kann. Bei Naturperlen erscheint im Idealfall ein sechseckiges Beugungsbild, ähnlich der Form einer Bienenwabe. Bei Zuchtperlen, die einen Zuchtkern aus Muschelschale enthalten, zeigt sich bei den meisten Durchstrahlrichtungen ein quadratisches Beugungsbild oder das Bild eines Malteserkreuzes, weil der durch den Zuchtkern laufende Röntgenstrahl hier auf Aragonitkristalle trifft, die lagig angeordnet sind, anders als bei den konzentrisch arrangierten Aragonitlagen einer Naturperle. Ein quadratisches Röntgenbeugungsbild ist ein sicheres Indiz für die Identifizierung einer Zuchtperle mit Kern.

Bei Zuchtperlen, die keinen künstlichen Kern besitzen, wie die Süßwasser-Zuchtperlen oder die Keshiperlen, ist dieses Verfahren nutzlos. In einem solchen Fall werden die zu untersuchenden Perlen dem Röntgenschattenverfahren unterworfen. Hierbei wird Röntgenlicht ähnlich wie bei einer ärztlichen Röntgenuntersuchung auf die Perlen gelenkt, um diese zu durchleuchten. So wie sich Knochen von den leichter zu durchleuchtenden Muskeln und Organen abheben, so haben auch das Aragonit und die Hornsubstanz Conchyn eine unterschiedliche Durchlässigkeit für Röntgenstrahlen. Auf einem Film, hinter der Perle plaziert, ergeben sich je nach Typ unterschiedliche

Perlen unterschiedlicher Herkunft im Querschnitt: Naturperle mit zwiebelartiger Musterung, zwei Zuchtperlen mit großem Zuchtkern und zwei kernlose Süßwasser-Zuchtperlen

Schattenbilder. Dort, wo viel Conchyn oder
aber Hohlräume oder Risse vorhanden sind,
zeigt der Röntgenfilm eine stärkere Schwär-
zung als in den Bereichen, in denen Aragonit
vorliegt. Echte Perlen besitzen häufig einen
rundlichen Conchynkern oder einen Kern aus
säuligem Aragonit, der sich erfahrungsgemäß
dann als dunkler, wie die Perle geformter
Fleck in der Mitte der Aufnahme abzeichnet.
Dickere Conchynablagerungen oder feine
Risse zwischen den einzelnen Aragonitlagen,
die den Kern umgeben, führen zu feinen kreis-
förmigen parallelen Linien, so daß das Rönt-
genbild einer echten Perle im Idealfall an das
Muster einer waagrecht durchgeschnittenen
Zwiebel erinnert.
Zuchtperlen ohne Kern hingegen verursachen
bei dieser Untersuchung andere Muster und
sind so von Naturperlen zu unterscheiden. Bei
ihnen zeigen sich strich- und kommaförmige
Schatten oder aber unregelmäßig geformte
große dunkle Flecken im Zentrum der Perle.
Das Röntgenschattenbild einer Zuchtperle mit
Kern läßt in den meisten Fällen den kugelrun-
den hellen Zuchtkern erkennen. Er ist umgeben von einem dunklen Schatten, hervorgerufen durch eine Conchynschicht, gefolgt von
einem dünnen Gürtel aufgewachsenen Perlmutts.
Mit etwas Übung läßt sich in einigen Fällen
eine Zuchtperle mit Kern auch daran identifi-
zieren, daß ihr Kern, durch das Bohrloch
betrachtet, erkennbar ist. Im Idealfall erkennt

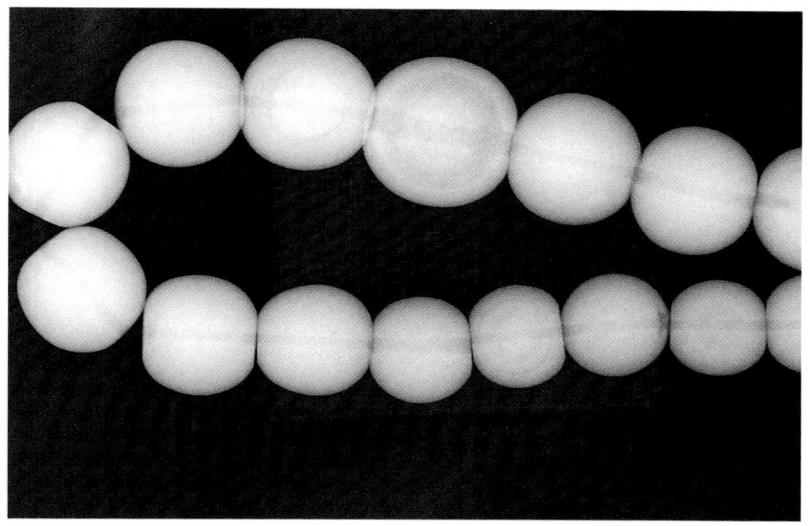

Die Röntgenschattenbilder zeigen konzentrisch aufgebaute Naturperlen (oben) und eine Zuchtperle (rechts) mit erkennbarem rundem Zuchtkern, einem unerwünschten schwarz erscheinenden Hohlraum und einer äußeren Zuchtschicht.

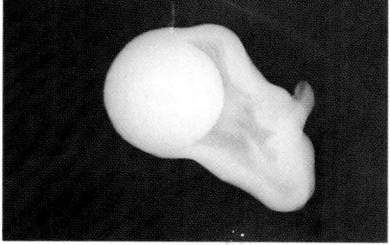

man wenig unterhalb der Oberfläche eine dunkle Materialgrenze zwischen Zuchtschicht und homogen gefärbtem Zuchtkern im Inneren. Dabei sollte diese Grenze auf beiden Seiten des Bohrlochs in gleicher Tiefe anzutreffen sein. Naturperlen zeigen statt dessen – bei hellen Perlen – eine kontinuierliche Farbveränderung nach gelborange zur Perlenmitte hin. In den meisten Fällen und natürlich dann, wenn keine Bohrung vorhanden ist, bleibt für eine sichere Perlenidentifikation nur die Röntgendiagnose.

Letztlich gestattet eine Röntgenuntersuchung auch eine Aussage über die Herkunft von Perlen aus Süß- oder Salzwasser. Betrachtet man Perlen aus Flüssen oder Seen im Dunkeln unter Röntgenlicht, dann leuchten sie fast immer, das heißt sie fluoreszieren, und zwar in blaß gelblichen oder grünlichen Farben. Die heute im Handel angebotenen Süßwasser-Zuchtperlen lassen sich so leicht erkennen, da Perlen aus Salzwasservorkommen im Röntgenlicht grundsätzlich nicht fluoreszieren.

Letztlich muß der Gutachter von Perlen einem besonderen Aspekt seine Aufmerksamkeit widmen, den Manipulationen an Zucht- und Naturperlen. Damit sind nicht das handelsübliche Bleichen, ein Nachpolieren oder das Schälen von Perlen gemeint, sondern massive Veränderungen. So werden Perlen gern nachgefärbt, etwa rosé durch Tränken in einer alkoholischen Lösung von Eosin oder schwarz und grau mit Hilfe von Silbernitratlösungen.

Derartige Veränderungen verraten sich meist
durch Farbkonzentrationen in feinen Rissen
und am Bohrloch oder durch eine verfärbte
Conchynschicht zwischen Zuchtkern und
Perlmuttüberzug. Häufig reagieren diese ver-
änderten Perlen unter UV-Licht zudem anders
als unbehandelte Natur- und Zuchtperlen.
Schwieriger nachzuweisen sind Graufärbun-
gen durch den Einsatz von Röntgen- oder
Neutronenstrahlung oder etwa die Verwendung schwarzer oder farbiger Zuchtkerne, die
bei dünner Zuchtschicht dem Perlmutt der
Perle eine Farbnuance verleihen. In beiden
Fällen besteht zumindest die Möglichkeit,
einen dunklen oder gefärbten Zuchtkern
durch das Bohrloch zu erspähen. Als eine
Faustregel gilt, daß kleine schwarze Perlen
unter etwa 8 bis 9 mm immer gefärbt sind.
Denn die bis zu dieser Größe vorkommenden
japanischen Zuchtperlen zeigen niemals eine
schwarze Körperfarbe. Die begehrten schwarzen Südseeperlen hingegen sind fast immer
über 8 bis 9 mm im Durchmesser groß.

Die Bewertung von Perlen

Die Qualität von Perlen wird anhand der Kombination ihrer sichtbaren Eigenschaften beurteilt. Größe, Form und Farbe spielen ebenso eine Rolle wie Glanz und Oberflächenbeschaffenheit. Unter diesen Bewertungskriterien wird Naturperlen bislang nach wie vor ein erheblich höherer Wert beigemessen als allen Zuchtperlen. Bei den Zuchtperlen rechnet man denjenigen mit Kern – den japanischen Akoya-Perlen und den sog. Südseeperlen – einen höheren Wert zu als den kernlos gezüchteten Süßwasserzuchtperlen, deren Wert zudem durch chinesische Überproduktionen gedrückt wird. Die großen Südsee-Zuchtperlen, insbesondere die natürlichen schwarzen Perlen Französisch-Polynesiens, erzielen deutlich höhere Preise als ihre japanischen Pendants. Zuchtperlen gelten zudem als um so wertvoller, je dicker die Zuchtschicht ist – soweit dies zu ermitteln ist.
Kernlose Süßwasser-Zuchtperlen waren bis Ende der siebziger Jahre nur als kleine, unregelmäßig geformte Perlen mit zerfurchter Oberfläche im Handel. Dominant waren Ketten mit reiskornförmigen Perlen. Häufig zeigten sie einen Fleck, auf dem das schimmernde Perlmutt fehlte. Durch verbesserte Zuchttechniken gelingt es heute jedoch, immer größere und nahezu runde Perlen zu züchten, und es scheint nur eine Frage der Zeit zu sein, bis kernlose Süßwasser-Zuchtperlen an die Qualität japanischer kerngezüchteter Perlen heranreichen. Noch gehören gute japanische

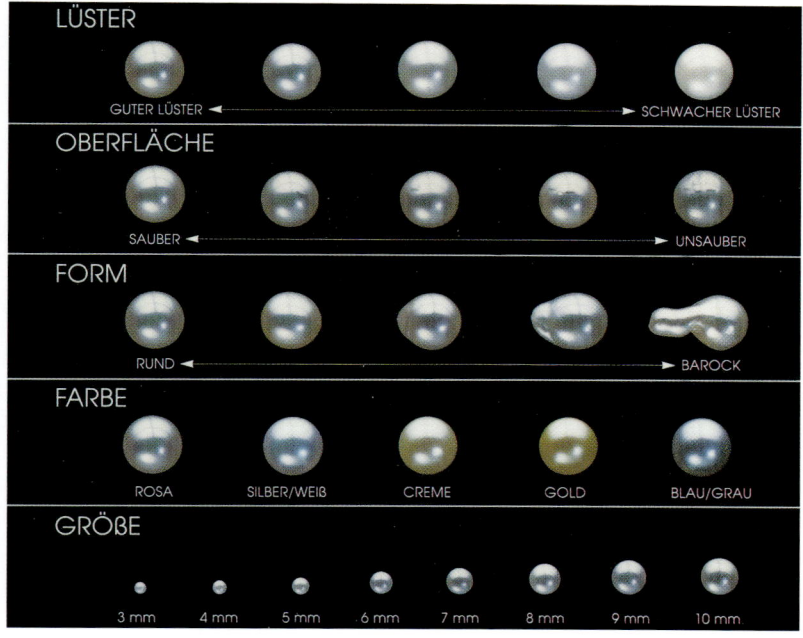

LÜSTER

GUTER LÜSTER ◄-------------------------------► SCHWACHER LÜSTER

OBERFLÄCHE

SAUBER ◄-------------------------------► UNSAUBER

FORM

RUND ◄-------------------------------► BAROCK

FARBE

ROSA · SILBER/WEIß · CREME · GOLD · BLAU/GRAU

GRÖßE

3 mm · 4 mm · 5 mm · 6 mm · 7 mm · 8 mm · 9 mm · 10 mm

Die verschiedenen Kriterien für die Beurteilung von Zuchtperlenqualitäten

Akoya-Zuchtperlen mit ihrem hohen Lüster, gutem Orient und kugelrunder Form in eine andere Qualitätsklasse, aber möglicherweise stellt sich bald die Frage einer Neubewertung: Kerngezüchtete Perlen sind Muschelschalenkugeln mit dünner Perlmuttschicht, wohingegen kernlose Süßwasser-Zuchtperlen durch und durch aus Perlmutt bestehen und damit Naturperlen am nächsten kommen.

Mit Größe und damit Gewicht steigt der Wert gleichartiger Perlen. Das ermittelte Gewicht wird in Karat angegeben, wobei ein Gramm fünf Karat, abgekürzt ct., entspricht. Zuweilen trifft man auch noch auf die alten japanischen Gewichtsbezeichnungen. Hier stehen 20 Grain für ein Gramm oder eine Momme für 3,75 Gramm.

Da die maximale Zuchtkerngröße bei japanischen Perlaustern, bedingt durch die Größe des Zuchttieres, bei etwa 7 bis 8 mm liegt und damit das Risiko des Muschelsterbens bei großen Kernen sehr hoch ist, steigt der Wert für Perlen oberhalb dieser Kerngröße beträchtlich. Ähnliche Preisstrukturen zeigen an den Zentimeterbereich reichende Süßwasser-Zuchtperlen und die Südsee-Zuchtperlen oberhalb etwa 16 mm Kerngröße.

Die begehrteste Form für eine Perle ist die perfekte Kugel. Gerade diese Erscheinungsform ist aber in der Natur sehr selten. Vielen Menschen unserer Zeit ist dieser Umstand nicht bewußt, da es große Mengen nahezu perfekt gerundeter Zuchtperlen gibt. Neben der

Kugelform sind zunächst andere symmetrische Formen begehrt, wobei der Wert einer Perle über oval, tropfen- oder birnenförmig, die Bouton genannte Knopfform hin zu barock, das bedeutet hier unregelmäßig geformt, fällt. Zuweilen erzielen aber auch barocke Perlen hohe Preise, wenn sie besondere Größen erreichen oder sich aufgrund ihrer Form in Juwelierplastiken einarbeiten lassen.

Perlen weisen sehr unterschiedliche Farben auf. Die Töne reichen von weiß, silbern, beige über gelblich, grünlich, bläulich, bräunlich, golden und rosé bis zu grau und schwarz. Die Körperfarbe von Perlen ist, wie erwähnt, von deren Muschelart und vom Entstehungsort in der Muschel abhängig und wird zudem vom Lebensraum geprägt. Das Nahrungsmittelangebot spielt dabei genauso eine Rolle wie Wasserbeschaffenheit und Temperatur. Entscheidend für die Farbgebung ist die organische Komponente der Perle, das Conchyn, das durch natürliche Farbstoffe wie etwa Metallporphyrine oder Melanin verschiedene Färbungen annehmen kann. Der Hauptbestandteil, das Calciumkarbonat Aragonit, ist dagegen in Perlen fast immer farblos.

Viele Perlen werden mit Wasserstoffperoxid gebleicht, um häßliche organische Flecken auf der Oberfläche zu entfernen oder um ihren Originalfarbton in eine käuferfreundlichere Farbe umzuwandeln. Haben die Perlen ihre Bohrung erhalten, besteht auch die Möglichkeit, sie nach Belieben einzufärben. Akoya-

Zuchtperlen sind bei der Ernte überwiegend cremefarben, gelblich oder grünlich und bekommen dann durch Nachbehandlungen weiße, silberne und rosafarbene Töne. Eine derartige Veränderung, die offensichtlich häufig angewendet wird, muß im Handel und beim Verkauf klar angezeigt sein, wie auch eine Verfärbung durch Bestrahlung anzeigepflichtig ist.

Die Bewertung der Grundfarbe unterliegt dem subjektiven Empfinden jedes einzelnen und hat je nach Kulturkreis unterschiedliche Schwerpunkte. Das farbliche Erscheinungsbild von Perlen setzt sich aus dieser Grund- oder Körperfarbe und einem scheinbar über der Perloberfläche schwebenden, meist rosa- oder grünfarbenen Schimmer zusammen, der als Orient einer Perle bezeichnet wird. Die Farben des Orients entstehen durch physikalische Prozesse bei der Wechselwirkung unseres sichtbaren Lichts mit den hauchdünnen Aragonitlagen des Perlmutts.

Das für unser Auge sichtbare, scheinbar weiße Tageslicht ist tatsächlich aus den Farben des Regenbogens gemischt. Wird nur eine Komponente des weißen Lichtes eliminiert, entstehen Farben. Licht wird physikalisch meist als Welle beschrieben. Dabei hat jede Farbe des Regenbogens eine andere Wellenlänge. Überlagern sich die Wellen aller Farben, dann entsteht das uns umgebende weiße Licht.

Weißes Licht, das auf eine Perlmuttoberfläche fällt, dringt durch die transparenten, das Perl-

Die Schalen einer Pinctada zeigen den begehrten Farbschimmer (Orient)
von Perlen und Perlmutt.

mutt aufbauenden Aragonitlagen ins Perlen-
innere. Gleichzeitig wird es aber auch an den
Ober- und Unterseiten der vielen feinen Aragonitlagen reflektiert, so daß es die Perle wieder verläßt. Hierbei entsteht ein Phänomen,
wie wir es von einem dünnen Ölfilm auf einer
Wasseroberfläche oder von einer in vielen Farben schillernden Seifenblase kennen.

Die Lichtwellen, die von den aufeinanderfol-
genden Aragonitlagen aus unterschiedlichen
Tiefen zurückgeworfen werden und sich beim
Ausgang überlagern, haben unterschiedliche
Wegstrecken zurückgelegt. Dadurch kommt es
zu sog. Interferenzen: Die Wellen der einzelnen Farbkomponenten des Lichtes verstärken
oder schwächen sich gegenseitig. Das Resultat
sind die bunten Interferenzfarben, wie sie
auch auf einer Perloberfläche zu beobachten
sind.

Dabei besteht ein unmittelbarer Zusammenhang zwischen der Farbintensität der Interferenzfarben und der Mächtigkeit der Aragonitlagen. Je feiner, ebenmäßiger und transparen-
ter die Aragonitlagen einer Perle aufgebaut
sind, um so ausgeprägter und farbintensiver
erscheint der begehrte Orient.

Mit dem Lüster von Perlen wird die Qualität
der Lichtreflexionen von der Oberfläche
beschrieben. Genaugenommen nimmt man
insbesondere bei guten Perlen mit sehr transparenten Aragonitschichten die Reflexionen
an den einzelnen obersten Aragonitlagen
wahr. Bei guten Perlen sind diese hell und

scharf abgesetzt, im Gegensatz zu Perlen mit
matten und diffusen Lichtreflexionen.
Die Qualität des Lüsters steht in direktem
Zusammenhang mit der Oberflächenbeschaf-
fenheit der Perle. Die Oberfläche einer Perle
sollte makellos rein und ebenmäßig sein.
Risse, Kratzer, Flecken, warzenartige Erhe-
bungen oder kleine Gruben mindern deren
Wert. Für Naturperlen mit Makel an der
Oberfläche oder bei nachträglicher Beschädi-
gung wurden früher sog. Perlendoktoren zu
Rate gezogen, Spezialisten, die vorsichtig die
obersten Aragonitschichten abschälten, in der
Hoffnung, darunter eine frische, unbeschä-
digte Perlenoberfläche mit frischem Glanz ans
Tageslicht zu bringen – ein mal mehr, mal
weniger erfolgreiches Unterfangen.
Ist im Handel oder beim Juwelier von Lüster
die Rede, dann wird das Zusammenwirken
von Lichtreflexion – Lüster im physikalischen
Sinne – und Orient gemeinsam als Qualitäts-
faktor beschrieben und beurteilt.
Die Namengebung für Perlen ist durch die
Regularien der Internationalen Vereinigung
Schmuck, Silberwaren, Diamanten, Perlen und
Steine (CIBJO) für den Handel, für Gutachten
und Publikationen klar geregelt. Es werden
hiernach Schmuckperlen als Echte Perlen,
Zuchtperlen, zusammengesetzte Zuchtperlen
und Imitationsperlen unterschieden. Alle
anderen Handels- und Produktbezeichnungen
wie zum Beispiel Akoya(-Zuchtperlen) oder
Majorika(-Imitationsperlen) dürfen nur in

Verknüpfung mit diesen Grunddefinitionen verwendet werden. Bezeichnungen wie „Naturperlen", „natürliche Perlen", „Orientperlen" oder „Süßwasserperlen" werden grundsätzlich nur für Naturperlen verwendet. Für Zuchtperlen wird in Österreich und der Schweiz auch der Begriff Kulturperlen akzeptiert. Behandlungen von Perlen, mit Ausnahme von Bleichen und Polieren, müssen angegeben werden.

Der Begriff Perlenkollier bezeichnet ganz allgemein eine kurze Perlenkette und stammt von der französischen Bezeichnung collier für eine Halskette oder einen Halsschmuck bzw. collet für Kragen. Verjüngen sich die Perlen einer Kette zur Schließe hin, dann spricht man von Verlaufskette oder auch Chute. Eine Kette mit Perlen gleicher Größe wird als Choker bezeichnet. Choker haben meist eine Länge um 40 cm. Bei längeren Ketten gleich großer Perlen werden die Bezeichnungen Martinée (um 60 cm), Queens (um 80 cm), Opera oder Opernlänge (um 90 cm) und Sautoir (100 bis 120 cm) verwendet. Eine am Hals enganliegende mehrreihige Kette gleich großer Perlen hat die passende Bezeichnung collier de chien, Hundehalsband.

Gute Ketten haben kleine Knoten zwischen den Perlen. Zum einen verhindert dies, daß beim Zerreißen der Kette Perlen verlorengehen, zum anderen schützt es davor, daß sich die Perlen aneinander reiben und gegenseitig beschädigen.

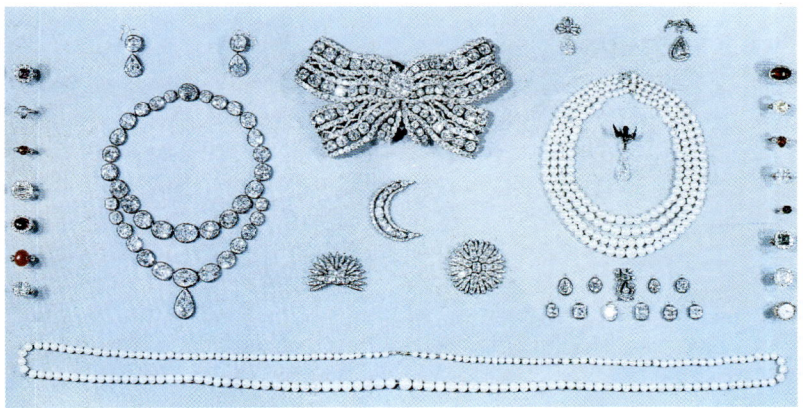

Zu der Brillant-Perlen-Garnitur aus dem Grünen Gewölbe in Dresden
(18. Jahrhundert) gehören auch 288 orientalische Perlen in vier Schnüren
und 177 sächsische Perlen in einer Schnur.

Die Pflege von Perlen und Perlmutt

Der Hauptbestandteil von Perlen- und Perl-
muttoberflächen, der Aragonit, besitzt eine
nur sehr geringe Härte. Die Folge davon ist,
daß härtere Objekte, und das sind die meisten
Gegenstände des Alltags, aber auch andere
Edel- und Schmucksteine sowie deren Fassun-
gen, Perlen und Perlmutt mühelos zerkratzen
können. Perlenschmuck und Perlmutt erfor-
dern somit einen behutsamen Umgang; die
Aufbewahrung in weichen Tüchern, getrennt
von anderem Schmuck, ist sehr ratsam.
Trocknet die hornartige Komponente der Perlen, das Conchyn, etwa durch große Hitze
oder starke Sonneneinstrahlung aus, verlieren
die Perlen ebenfalls an Schönheit. Die Aufbewahrung von Perlen in feuchten Tüchern bei
langer Lagerung wirkt einer solchen Alterung
entgegen. Da im unmittelbaren Umfeld des
menschlichen Körpers immer eine gewisse
Feuchtigkeit vorhanden ist, erhält auch das
häufige Tragen von Perlenschmuck dessen
Schönheit.
Leider sind Perlen und Perlmutt nicht gegen
Laugen, Säuren und Öle gefeit: Durch Par-
füms, Hautcremes oder die Fettsäuren im
menschlichen Schweiß können die Perlen
matt, gelblich oder fleckig werden. Daher ist
es ratsam, Perlen erst nach dem letzten Akt
der Bekleidung anzulegen. Man sollte sie auch
nicht ständig auf nackter Haut tragen und,
wenn dies der Fall war, anschließend reinigen.
Das Reinigen von Perlen sollte wegen der
angeführten Empfindlichkeiten allerdings nur

mit Vorsicht erfolgen. Das Säubern nach dem Tragen mit einem weichen Tuch oder bei starker Verschmutzung mit einem weichen Pinsel in lauwarmem Wasser, leicht versetzt mit einem milden Spülmittel, sollte diesen Zweck erfüllen.

Versuche, ruinierte Perlen wiederzubeleben, gab es viele, doch über deren Erfolgsaussichten kann man nur spekulieren. Abgesehen von dem schon erwähnten riskanten Schälen von Perlen wird bereits in alten Schriften angeraten, Perlen an Geflügel zu verfüttern. Nach natürlicher oder gewaltsamer Rückgewinnung wurde ein verbessertes Aussehen in Aussicht gestellt.

Die Perle, ein von Weichtieren ausgeschiedenes Juwel, begeistert die Menschen seit der Morgendämmerung ihrer Kultur. Als einziger „Edelstein" kann man sie ohne weitere Bearbeitung als Schmuck verwenden. Der natürliche Glanz der Perlen und des Perlmutts ist in der Natur einzigartig und galt von jeher als etwas Besonderes. Darin sah man das Licht der Erleuchtung, den Strahlenglanz der Götter, das Licht des Mondes und den Schein der Prophezeiung.

Perlen wurden oft in der Nahrung gefunden und als gute Vorzeichen gedeutet. Sie wurden als „Himmelstau", als „Tränen der Engel" sogar als „Tropfen der Muttergottesmilch" bzw. „Brüste der Himmelskönigin" und als Verkörperung himmlischer Weisheit angesehen.

Als Symbol des Wasserelementes werden der Perle eine regenerierende Kraft und medizinische Wirkung zugeschrieben; Ähnliches gilt für Perlmuttschalen.

Aphrodite, die Göttin der Perle

Aphrodite ist die Meergeborene, die griechische Göttin der Zeugung, die Freundin der nächtlichen Feiern, die Spenderin des Lebens, die große Schöpferin. In einer spätantiken Orphischen Hymne heißt es: „Du verbandest das Weltall im Innern ... Alles bringst du hervor, was da im Himmel ist, was auf der früchtereichen Erde und in den Schlünden des Mee-

Die Geburt der Venus; Gemälde von Sandro Botticelli, Tempera auf Lein-
wand, um 1478

res lebt." Aphrodite ist eine echte Gottheit der Natur, und zwar der erotisch-lustvollen Natur. Bereits die vorderasiatischen und mesopotamischen Vorläuferinnen der Aphrodite waren mit Muscheln assoziiert. Der Name der phönikischen Liebesgöttin lautete in einigen aphrodisischen Kulten, z. B. in Antiochia, Margaritô, „Herrin der Perlen" oder „Perlendame". Diese Göttin scheint mit der großen Perlauster (Meleagrina margaritifera), die bereits im Altertum bekannt war und reichlich gefischt wurde, identifiziert worden zu sein. Dem antiken Mythos zufolge entstammt Aphrodite dem Meer. Danach hat der Titan Kronos (die Zeit) seinem himmlischen Vater Uranos mit der Sichel die Geschlechtsteile abgetrennt. Der Penis fiel ins Meer und befruchtete eine Muschel. Auch das griechische Wort für Muschel, kteis, bedeutet sowohl Kamm (Kammuschel!) als auch Vulva. Muscheln und Schnecken (Kauris) wurden im Altertum der Aphrodite geopfert.

Die Schale des Papierbootes (Argonauta argo), eines mit dem Oktopus verwandten Tintenfisches, wurde als „Muschel der Aphrodite" bezeichnet und auf den Altären aufgestellt. Das Weibchen dieses Tintenfisches ist etwa 20mal so groß wie das Männchen. Zur Befruchtung schnürt das Männchen einen zum Penis umfunktionierten Fangarm ab, der freischwimmend das Weibchen sucht, in den Geschlechtstrakt eindringt und die darin befindlichen Eier befruchtet. Daraufhin bildet

Die hauchdünne Schale des Papierbootes (Argonauta argo) wurde in der Antike als „Muschel der Aphrodite" verehrt.

das Weibchen zum Schutz der Brut eine
schneckenhausähnliche Schale aus und legt die
Eier hinein. Die Brut wird dann an einer
schützenden Stelle unter Wasser deponiert.
Wenn die Larven aus den Eiern schlüpfen,
steigt meist die Schale mit den Eierresten an
die Oberfläche. Die Eierreste wirken wie
Schaum, der das Papierboot umkräuselt und
es so ans Land trägt. Dem Mythos von der
schaumgeborenen Aphrodite liegt diese
Naturbeobachtung zugrunde.

Einer volkstümlichen Überlieferung zufolge
wird der Ursprung der Perlen mit der Geburt
der Göttin direkt in Verbindung gebracht. Als
Aphrodite dem Meere entstieg, verwandelten
sich die Wassertropfen, die von ihrer duften-
den Haut perlten, in Perlen, die in den Ozean
tropften. Deshalb galten Perlen als Symbole
der Liebe. Die Göttin wurde sogar „Perle"
oder „Perle des Meeres" genannt. Ihre Scham
hieß folgerichtig „Perlenpforte". In den
Schatzhäusern der Aphroditetempel wurden
Perlen gehortet.

Die Assoziation von Aphrodite bzw. Venus
mit einer Austernschale ist ein beliebtes kunst-
historisches Motiv. In dem Gemälde „Die
Geburt der Venus" (1912) von Odilon Redon
liegt die Göttin in einer vulvaartigen Schale
einer austernähnlichen Muschel. Auf dem
Gemälde „Magna Mater" (1868) von Arnold
Böcklin steht die barbusige Venus in einer
Perlausternschale. Sie hält zudem eine Perle,
das Symbol der Geburt und Wiedergeburt, in

der Hand. Das Ölgemälde „A Water Baby"
(1890) von Herbert Draper – ein typisches
Beispiel der Salonkunst des späten 19. Jahrhunderts – zeigt eine felsige Küstenlandschaft.
Eine nackte Frau, vielleicht eine Nymphe oder
Göttin, öffnet eine überdimensionale Perlausternschale (Pinctada margaritifera). Darin
findet sie ein schlummerndes, lockiges Baby.
Fernando Botero zeigt auf seinem Gemälde
„Venus" (1986) eine verfettete nackte Schlaf-
zimmergöttin, die lediglich mit Pumps und
einer Perlenkette – einer letzten Erinnerung an
die mystische Geburt – bekleidet ist und von
einem verschüchterten Amor begleitet wird.
Im Barock wurden, angeregt durch die Rück-
besinnung auf die Antike im Zeichen der
Renaissance, viele Themen der klassischen
Mythologie als Opern oder Singspiele vertont.
Eine Reihe dieser frühen Opern greifen
Geschichten aus dem zypriotischen Mythen-
kreis der Aphrodite/Venus auf, z. B. die italie-
nische Oper „Venere gelosa" von F. Sarcati
(1643), die erste aller englischen Opern,
„Venus and Adonis" (ca. 1682) von John
Blow, sowie die französische Oper „Vénus et
Adonis" von H. Desmarets (1697). In einer
der frühesten verzeichneten italienischen
Opern, „La Pellegrina" (1589), tritt eine
Aphrodite auf. Ein zeitgenössischer Kostüm-
entwurf von Bernardo Buontalenti zeigt die
nackte, teilweise mit Muscheln, Austern,
Schnecken, Perlen und roten Korallenästen
bedeckte, dem Meere entsteigende Göttin. In

der Hand hält sie ein großes Meerohr (Haliotis sp.). Die aus dem Mittelmeer stammenden Seeohren (Haliotis tuberculata) werden volkstümlich auch Venusohren genannt und als aphrodisische Amulette getragen. Noch heute gilt das Riesenseeohr (Haliotis gigantea) in Japan als Aphrodisiakum sowie als Symbol der einseitigen, sehnsüchtigen Liebe.

In der christlichen Mystik des Mittelalters sind die Perlaustern zu einem Symbol der Muttergottes umgedeutet worden, weil sie die „köstlichste Perle", Christus, hervorgebracht haben.

Perlen vor die Säue

Jeder kennt das Sprichwort „Man soll keine Perlen vor die Säue werfen". Damit ist gemeint, daß man etwas Kostbares, z. B. eine höhere Erkenntnis, nicht denjenigen offenbaren soll, die es ohnehin nicht verstehen könnten. Der Spruch geht auf eine Bibelstelle zurück: „Ihr sollt das Heiligtum nicht den Hunden geben, und Eure Perlen sollt ihr nicht vor die Säue werfen." (Matth. 7, 6) Der Evangelist ermahnte seine christlichen Schäfchen damit, keinem heidnischen Götzendienst zu huldigen. Mit der Aufforderung „Ihr sollt das Heiligtum nicht den Hunden geben" verlangte er, die Verehrung der alten Hexengöttin Hekate, die durch den Hund symbolisiert wird, aufzugeben, und mit den „Perlen" spielte er auf die Opfergaben an Aphrodite, die Göttin der Perle, an. Mit „Säue" bezog er sich nicht etwa

auf weibliche Schweine, sondern auf vulvaför-
mige Heiligenbilder, die wichtigsten Kultbilder
der Liebesgöttin. Das waren meist die Schalen
von Kaurischnecken (Cypraea), die im Altertum als porcella oder porcellino, „Schwein-
chen", bezeichnet wurden. Davon leitet sich
übrigens unser Wort „Porzellan" ab.
Kaurischnecken gehören zu den ältesten
bekannten Grabbeigaben und Amuletten der
Menschheit. In der Höhle von Laugérie (Dor-
dogne, Frankreich) wurde ein menschliches
Skelett ausgegraben, das mit Kaurischnecken
(Cypraea pyrum und Cypraea lurida) in sym-
metrischer Anordnung bedeckt war. In frühesten ägyptischen Gräbern wurden viele Kauri-
Arten aus dem Roten Meer und dem Indischen Ozean entdeckt. In Griechenland
wurden die Arten Cypraea annulus, moneta,
pyrum, lurida und C. pantherina in kulturel-
len Zusammenhängen gefunden. Die Schalen
wurden meist als Amulette verwendet, denn
ihre Ähnlichkeit mit den weiblichen Ge-
schlechtsteilen und ihre Herkunft aus dem
Wasser ließen sie als große Lebensspenderin
erscheinen.

Die Perle der Weisheit

Es ist Monsun-Zeit, Regenzeit; die Wasser
ergießen sich über die Berge, die Ebenen, den
Ozean. Das Wasser verbindet Himmel und
Erde, Himmel und Meer. Der Regen wird zu
einer Wasserstraße. Im Himalaja heißt es, daß

bei besonders heftigen Blitzen und Donner-
schlägen die himmlischen Drachen auf die
Erde geschleudert würden. Dabei stürben sie
manchmal – und zurück blieben ihre Skelette,
die man heute als versteinerte Knochen finden
könne. Wenn der blitzzuckende Drache ins
Meer stürzt, so die Vorstellung, taucht er auf
den Meeresgrund und kriecht in eine shanka,
eine heilige Schnecke (Turbinella pyrum). In
dem bauchigen Gehäuse findet er vielleicht
sogar eine der sehr seltenen und kostbaren
Perlen. Diese ergreift er und verläßt die
Schneckenschale. Zügig schwimmt er wieder
an die Wasseroberfläche und fliegt weit durch
die Lüfte zurück in den Himmel. Dort
erstrahlt die aus den Wassertiefen mitge-
brachte Perle in allen Regenbogenfarben, in
den Perlmuttönen, den Farben des Mondes.
Sie wird zur Perle der Weisheit, zum Quell der
Erleuchtung.
Der Drache ist in China, Korea, Japan, der
Mongolei, Nepal und Tibet durchweg ein
positiv besetztes Wesen; er gilt dort als „König
der Tiere". In den fossilen Knochen und Ske-
letten ausgestorbener Tiere sah und sieht man
im Fernen Osten den Beweis für die Existenz
der legendären Drachen. Der chinesische Drache ist eine ikonographisch festgelegte Kom-
position aus den Teilen anderer Lebewesen:
Sein Kopf ist wie der eines Kamels, seine Hör-
ner gleichen einem Hirschgeweih, seine Augen
denen eines Hasen, seine Ohren denen eines
Bullen, sein Hals gleicht einer Schlange, sein

Der Drache der Weisheit sitzt in einer Schneckenschale (Turbinella pyrum)
auf dem Grunde des Ozeans und sucht darin eine Perle als Quell der
Erleuchtung; Detail eines buddhistischen Meditationsbildes, Nepal,
20. Jahrhundert.

Im Wat Phrad Po in Bangkok (Thailand) gibt es Intarsienarbeiten mit Perlmutt, die Buddha und andere Heiligenfiguren darstellen.

Leib dem einer Seeschlange, seine 81 Schuppen sind wie die eines Karpfens, seine Klauen wie die eines Adlers, und seine Füße erinnern an die Tatzen eines Tigers. Sein Schnurrbart gleicht dem taoistischer Heiliger. Die vermutlich älteste Darstellung eines solchen Drachens wurde 1987 in Puyang (Provinz Henan) entdeckt. Neben einem 6000 Jahre alten menschlichen Skelett fand man ein Mosaik aus Flußmuscheln in Drachengestalt. In der Regel trägt der Drache in seiner Hand, in seiner Brust oder in seinem Hirn eine Perle, die strahlende „Perle der Weisheit". Es ist eine leuchtende Kugel, eine Erleuchtungskugel. Wer sie erlangt, wird mit allumfassender Weisheit beschenkt und erlebt die totale Erleuchtung. Als Tränen der Erleuchtung sind Perlen die Edelsteine des Buddha und das Ziel des buddhistischen Pfades, weshalb sie in der Kunst häufig in der Hand Buddhas oder anderer heiliger Gestalten ruhen. Man soll sich auch bei der Meditation eine strahlende Perle vorstellen und das geistige Bild dorthin projizieren, wo sich das „dritte Auge" auf der Stirn befindet. Dieses „dritte Auge" wird oft auf religiösen Bildern aus Tibet, Nepal und Indien dargestellt. Es gilt als das Wahrnehmungsorgan für die gewöhnlich unsichtbaren, spirituellen Welten oder die Astralebene. In der Meditation übt man sich darin, dieses normalerweise schlafende Auge zu öffnen. Am besten gelingt dieses Vorhaben, wenn man die innere Perle der Weisheit zum Leuchten bringt.

Tantrische Darstellung der chakras, der subtilen
Energiezentren im Körper des Menschen. Zwischen den Augen „erblüht" das ajna chakra, dessen Edelstein die Perle ist, und ermöglicht Ein-
blicke in gewöhnlich verborgene Aspekte der
Wirklichkeit; Detail eines Meditationsbildes,
Nepal, 20. Jahrhundert.

In der traditionellen indischen Tantra-Lehre geht man davon aus, daß es im menschlichen Körper neben dem materiellen Anteil einen subtilen Energiekörper gibt, der die organischen Funktionen regelt und mit geistigen Zuständen in Verbindung bringt. Er hat entlang der Wirbelsäule und Körperachse mehrere Zentren, die als chakras, „Kreise", bezeichnet werden. Jedem chakra sind bestimmte Gottheiten, Planeten, Tiere, Farben, Töne und Edelsteine zugeordnet. In der tantrischen Überlieferung ist die Perle der Edelstein, der dem ajna chakra, dem Energiezentrum auf der Stirn, zugeordnet wird. Wenn man in der Meditation dieses Energiezentrum „wie eine Blüte zum Blühen bringt", kann man in gewöhnlich verborgene Aspekte der Wirklichkeit schauen und wichtige Erkenntnisse erlangen. Deshalb wird für eine solche Meditation manchmal eine echte Perle auf die Stirn gelegt. Dadurch soll die Entstehung der inneren Bilder begünstigt werden. Die chakra-Meditation gehört zu den ältesten und wichtigsten Methoden des Yoga.

Der Glanz der Sonnengöttin

Perlen und Perlmutt gehören seit prähistorischen Zeiten zu den Kostbarkeiten der indianischen Kulturen. In den gewaltigen Grabhügeln im Süden Nordamerikas, die von der sogenannten Mountbuilder-Kultur angelegt wurden, sind bei archäologischen Ausgrabun-

gen in Alabama und Ohio zahlreiche Perlen
zutage gefördert worden. Den prähistorischen
Indianern waren die Perlen offenbar ein so
wertvolles und bedeutsames Gut, daß sie es
als wichtig ansahen, es ihren Toten auf die
Reise ins Jenseits mitzugeben. Ob die Perle ein
Symbol der Wiedergeburt war, ein Sinnbild
des ewigen Lebenslichts, ein Schutzamulett für
die Toten bei ihrer gefahrvollen Reise in die
Unterwelt oder eine Opfergabe an die Ahnen,
Geister, Dämonen und Götter, läßt sich nicht
mit Bestimmtheit sagen. Perlen – durchbohrte
und unbearbeitete Exemplare, sogar ganze
Ketten – wurden auch in anderen Kontexten
in Nordamerika gefunden. Sie stammten ent-
weder von Flußmuscheln aus der Familie
Unionidae, von pazifischen, karibischen und
atlantischen Flügelaustern (Pteria colymbus,
Pteria sterna) oder der Atlantikperlauster
(Pinctada imbricata).
In den indianischen Kulturen waren und sind
allerdings Perlmuttschalen von weitaus größerer Bedeutung als Perlen. Sie wurden religiös
verehrt, als Geld verwendet (Wampun) und
über große Distanzen gehandelt (z. B. Zahnschnecken, Dornenaustern, Olivenschnecken,
Flügelschnecken).
Die Navaho-Indianer, die im Südwesten Nordamerikas leben, geben Perlen und Perlmutt
einen wichtigen Platz in ihrer Kosmologie. Es
heißt, daß im Osten das Haus des „Weißen-
Perlen-Jungen" steht, dessen Tor von einem
Bären bewacht wird. In diesem Haus liegt eine

strahlende weiße Muschel, die Mutter des Per-
lenjungen. Gegenüber, im Westen, steht das
Haus des „Abalonenschalen-Jungen", dessen
Tor vom Schwarzen Wind gehütet werde. Im
Inneren dieses Hauses liegt eine strahlende
Abalone, die mit einem Mondstrahl befestigt
ist. An diese Orte reisten die Medizinmänner,
um Heilkraft zu tanken und um Auskünfte
über den Gesundheitszustand ihrer Patienten
zu erhalten.

Aus Abalonen- und Perlausternschalen wurden Fetische, Amulette und Schmuckstücke
geschnitten, die dem Träger Glück und
Gesundheit sichern sollen. Von Oregon bis zur
Baja California kommen viele große Abalo-
nenarten vor. Die größte ist das Rote Meerohr
(Haliotis rufescens), dessen Schale bis zu 28
cm lang werden kann.

Die Stämme entlang der Pazifikküste stellten
einen Großteil ihrer materiellen Kultur aus
Abalonenschalen her: Schüsseln, Angelhaken,
Schrapper, Amulette, Schmuck und Dekor.
Die Küstenstämme, die in der heutigen kana-
dischen Provinz British Columbia leben, sind
vor allem als Totempfahlschnitzer bekannt.
Sie waren und sind z. T. heute noch sehr
geschickte und kreative Schnitzer. Ihre Kunst
umfaßt nicht nur die Totempfähle, sondern
alle Geräte und Gegenstände des täglichen
und rituellen Lebens. Oft sind die Schnitzereien mit Abalonen verziert. Menschliche Sta-
tuen haben Augen aus Abalonenperlmutt,
ganz ähnlich den Kultbildern der Maori in

Oben: Die in allen Regenbogenfar-
ben schillernde Perlmuttschicht der
Innenschale einer Abalone (Haliotis
corrugata) erinnert an den Glanz
der Sonne.
Rechts: Der moderne Perlmutt-
Fetisch der Zuni-Indianer hat die
Form einer Kröte.

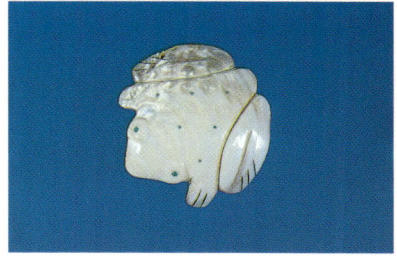

Neuseeland. Vor allem sind die Gerätschaften, die die Schamanen für ihre Heilzeremonien nutzen, mit Perlmutt verziert. So gibt es Ritualpfeifen aus Holz in der Form eines Wales mit Perlmutteinlagen. Der Perlmuttglanz gibt nach den Vorstellungen dieser Stämme den Blick in andere Welten frei und wird in der Mythologie mit bestimmten Gottheiten, merkwürdigen Dämonen oder Geistwesen und heiligen Tieren in Verbindung gebracht.

Vor der Besiedlung durch weiße Amerikaner lebten nördlich der San Francisco Bay die Küsten-Miwok-Stämme mit den Hookooeko als größtem Stamm. Diese Indianer hielten sich meist an der Küste auf, zogen aber auch auf Jagd- und Sammelausflügen bis weit ins Land hinein. Die Hauptnahrung bestand aus Fisch, Wild, Eicheln und Abalonen. Die Abalone war aber nicht nur eine willkommene, proteinreiche Speise. Die Schalen wurden als Teller und Schüsseln in der Küche und bei Zeremonien benutzt, aber auch im Handel mit anderen Stämmen, die weit von der Küste entfernt lebten, getauscht. Das Perlmutt diente – wie überall auf der Welt – als Schmuck.

Die Miwok glaubten, daß die Erde am Anfang von den riesenhaften „ersten Menschen", einer anderen Rasse, bevölkert gewesen sei. Diese „ersten Menschen" ordneten mit Hilfe von O'-ye, dem „Koyoten-Mann", die Welt. Aus dieser Zeit stammt die folgende Geschichte, die H. Hart Merriam 1902/03 gesammelt und 1910 erstmals publiziert hat.

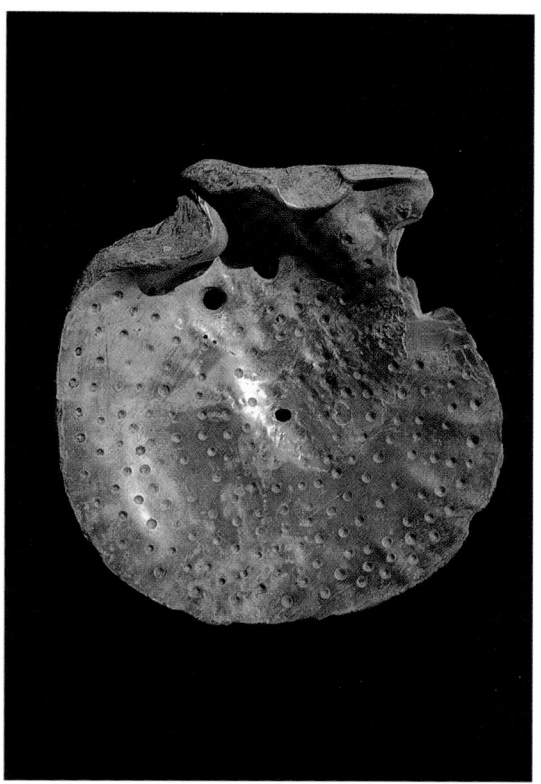

Aztekischer Brustschmuck aus einer kompletten
Perlausterschale; 14./15. Jahrhundert

„Die Welt war dunkel. Das einzige Licht, das da war, kam von He'-koo-las, der Sonnen-Frau. Sie lebte weit weg, dort im Osten. Die Menschen wollten Licht, und O'-ye, der Koyoten-Mann, schickte zwei Männer aus, He'-koo-las zu holen. Bald kamen sie bei dem Orte an, wo die Sonnen-Frau lebte. Die aber weigerte sich, mit ihnen zu gehen. So kamen die beiden alleine, unverrichteter Dinge zurück und erzählten alles O'-ye. Daraufhin schickte er mehr Männer los. Diesmal waren es so viele Männer, daß es egal war, ob sie mitkommen wolle oder nicht; sie könnten sie überwältigen. Sie machten die lange Reise zu ihrem Wohnort, fesselten die Sonnen-Frau und brachten sie mit, damit sie Licht für die Menschen mache. Ihr ganzer Körper war mit Ah'-wook, der wundervoll schillernden Schale der Abalone bedeckt. Dadurch schien sie derart hell, daß sie viel Licht von sich gab und daß es schmerzte, sie direkt anzuschauen."
Die Pomo-Indianer, ein anderer kalifornischer Stamm, assoziierten die glitzernde Abalonen-schale mit dem „Donnermann", dem Gott, der Blitz und Donner verursacht. Sie glaubten, daß er Augen aus Abalonen habe und ein Gewand, das mit den Schalen über und über behangen sei. Wenn der Donnermann mit den Augen blinzele, entstehe der Blitz, wenn er sein Gewand schüttele, donnere es. Deswegen nutzten die Schamanen Abalonenschalen auch zum Regenmachen.

Auf einer südamerikanischen Dose für Coca-Blät-
ter aus der Inkazeit ist mit Perlmutteinlagen der
Orakelgott dargestellt.

Träume, Orakel und Regenmacher

Wahrscheinlich hat der Glanz von Perlen und Perlmutt dazu geführt, in diesem besonderen Material magische Spiegel zu erkennen, die mit ihrem Schein den Geist des Betrachters erleuchten können. In der Beschreibung des „himmlischen Jerusalem" in der Offenbarung des Johannes (21, 18–21) eröffnet die Perle den Zutritt in eine visionäre Welt: „Die zwölf Tore waren zwölf Perlen; und jedes Tor war eine Perle."

Die Vorstellung, daß die Perle ein Tor zum Himmel, eine Pforte zu anderen Welten und Wirklichkeiten sei, ist weltweit verbreitet. Sie dient vor allem den Schamanen als Hilfsmittel für den magischen Flug in die Anderswelt. Im schamanischen Weltbild werden viele ernstere Krankheiten als Verlust der Seele oder von Seelenteilen erklärt. Um eine Krankheit diagnostizieren zu können, reist der Schamane in die andere Wirklichkeit und sucht dort den Grund des Übels auf. Dazu befragt er Dämonen, die er durch Opfergaben gesprächig macht, konsultiert die Götter oder Göttinnen. Mitunter hat sich – so die schamanische Vorstellung – ein Monster der Seele des Kranken bemächtigt, foltert sie mit seinen Klauen oder frißt sie langsam auf. Der Schamane fordert die Seele zurück. Wird sie ihm nicht freiwillig ausgehändigt, so muß er gegen das Ungeheuer kämpfen. Dazu benutzt er verschiedene magische Waffen, z. B. Geisterdolche, Schlangenschwerter (kris), Pfeile aus Palmenholz, Donnerkeile oder Bergkristalle. Als magische Geschosse oder Zauberkugeln dienen ihm oft Perlen.

In der Mythenwelt der australischen Aborigines findet der Schamane die als Geschosse benutzten Perlen allerdings nicht am Strand oder in den Mollusken, sondern im Himmel. Wie er dorthin gelangt, erlernt der Schamane bei der Initiation oder Einweihung. Bei diesem Ritual stirbt der Mensch, um als Schamane wiedergeboren zu werden. In einer Vision begegnet der Einzuweihende der Regenbogenschlange, die den Ursprung der Welt, die „Traumzeit", mit dem Jetzt, das Land mit dem Meer sowie Himmel und Erde verbindet. Wenn die Regenbogenschlange den Neuankömmling sieht, erschießt sie ihn mit einer Perle. Während seines Sterbe- und Wiedergeburtserlebnisses verleiht sie ihm das Wissen und die Technik, mit deren Hilfe er fortan in den Himmel fliegen und magische Perlen holen kann.

Perlen und Perlmutt waren in Australien ein wichtiges Handelsgut, das über die sog. „Traumpfade" oder Songlines vertrieben wurde. Obwohl das glänzende Material als sehr kostbar galt, ist es doch niemals als Währung oder Geld, wie z. B. in Papua-Neuguinea oder Polynesien, benutzt worden.

Für die australischen Aborigines waren aber nicht nur Perlen von großer ritueller Bedeutung. Überhaupt spielten Mollusken für sie eine große Rolle als Nahrungsmittel und „Lieferanten" nützlicher Gegenstände. Die in den australischen Gewässern vorkommenden Riesenschnecken (Syrinx aruanus) und bauchigen Melonenschnecken (Melo amphora) wurden als Wasserbehälter verwendet. Besonders wurden die Abalonen geschätzt, wie schon an prähistorischen Petroglyphen (Felsgravuren) erkenntlich ist. Die Abalonenschalen der großen Arten (Haliotis conicopora, Haliotis laevigata, beide 20 cm lang) dienten als Schüsseln, als Schmuck und magische Gegenstände. Die gleiche Bedeutung kam den Perlaustern (Pinctada margaritifera) und Pinguinmuscheln (Pteria penguin) zu.

Die Schalen von Perlaustern und Meerohren oder daraus geschnittene und mit eingravierten Symbolen geschmückte Amulette wurden in den Ritualen der australischen Regenmacher benutzt. Es heißt, daß die zerkauten Blätter einer wilden Tabakart, mit Speichel vermischt, „nach Regen riechen". Durch das Kauen wird die „Lebensessenz" aus den Blättern freigesetzt. Der Regenmacher spuckte zum Regenmachen das Zerkaute gen Himmel oder auch auf einen glatten Stein. Dazu nahm er eine Perlauster (Pinctada margaritifera), die er auch bei anderen Zeremonien an einer Schnur um den Hals trug und die für ihn von großer magischer Kraft und hohem Wert war. Die glänzende Schale rieb er einige Zeit über das Gekaute. Dabei sang er geheime Zauberlieder. Schließlich wurde die Perlauster mit

Oben: In Australien kommt das
Seeohr (Haliotis scalaris) mit der
schönsten Perlmuttschale vor.
Rechts: Die australischen Ureinwohner von Tasmanien haben ihre
Wertschätzung für die Abalone in
einer prähistorischen Felsgravur
hinterlassen.

Blut eingeschmiert, in Mulgablätter gelegt, mit Gras bedeckt und in einen Mulgabaum (Acacia aneura) gehängt: Die magisch aufgeladene Perlauster zog nach den Vorstellungen der Aborigines den Regen an.

Eine andere Methode zum Regenmachen ist von dem zentralaustralischen Stamm der Pitjantatjara überliefert. Dort gab es einen berühmten „Regenhäuptling", der seine Schüler oder Assistenten, die „Regenmänner", als Medien für das magische Werk benutzte. Dazu führte er einen jungen Mann an das Meeresufer:

„Eine ungeheure Wasserschlange lebt dort im Meer. Sie kommt mit weit aufgerissenem Maul angeschwommen, der Regenhäuptling wirft ihr den jungen Regenmann in den Rachen, und die Schlange verschlingt ihn bei lebendigem Leib. Zwei Tage lang bleibt der junge Mann im Bauch der Schlange, und während dieser Zeit dringen zahlreiche Perlmuttmuscheln, die sich im Inneren der Muruntuschlange befinden, in seinen Körper ein. Dann kehrt der Regenhäuptling zurück und befiehlt der Schlange, den jungen Mann wieder auszuspeien, damit er sie nicht von innen her aufzehrt. Die Schlange speit den Mann in die Büsche am Strand, und der Häuptling führt ihn in sein Lager zurück, wo die Frauen ein großes rauchendes Feuer vorbereiten. Dort wird der junge Mann in dem Feuerqualm geräuchert. Daraufhin sendet ihn der Häuptling auf eine große Ebene, wo der junge Mann

eine der Perlmuttmuscheln aus seinem Körper
zieht. Er reibt ihren Rand über einen harten
Stein und hüllt sich in eine Wolke, die zum
Himmel emporschwebt. Dort angekommen,
dreht sich der junge Mann, so daß sein Kopf
nach unten hängt. Er löst seine langen Haare,
aus denen dann der Regen zur Erde fällt.
Langsam zieht er so über den Himmel nach
Osten. Von Zeit zu Zeit zieht er eine der Perlmuttmuscheln aus seinem Kopf und wirft sie
als Blitze zur Erde."

Medizin aus dem Meer

Die Perle „entstammt einem Wundheilungs-
prozeß von Tieren ... Die Perlmuschel nimmt
das verletzende Fremdwesen in die umhül-
lende Kraft auf und verwandelt den Schmerz
der Wunde in die heilende Umhüllung"
schreibt der Anthroposoph Friedrich Benesch
in seinem okkultistischen Buch „Apokalypse".
Entsprechend einer solchen Vorstellung werden Perlen als Medizin bei der Verletzung von
Körper und Geist angesehen. In der Volksme-
dizin heißt es, Perlen stärkten das Herz und
die Lebensgeister, sie widerständen den Giften,
der Zersetzung und der Ohnmacht; sie beein-
flußten die Milch der Frauen und ließen sie
kommen. Der französische Arzt Robert de
Berquen schrieb: „Die Besonderheiten der
Perle sind: pulverisiert löst und verringert sie
den Schleimfluß; verflüssigt in einem Arz-
neitrank, vertreibt sie alle verdorbenen Ver-
dauungssäfte, reinigt die Schwermütigen, heilt
sofort die Ohnmacht, das Fieber und die
Kopfschmerzen."
Perlen waren auch eine wichtige Arznei in der
bäuerlichen Tiermedizin. Im Bayerischen Wald
gab man einer Kuh eine Süßwasserperle ins
Futter, damit sie gesunde Kälber zur Welt
bringe. Junge Hunde sollten klein und zierlich
bleiben, wenn ihnen Perlen in Wein eingeflößt
wurden. Pulverisierte Perlen streute man
erblindenden Pferden und Hunden in die
Augen.

Perlen in der Medizin des Mittelalters

Hildegard von Bingen (1098–1179) wird
heute gern als „die erste deutsche Seherin"
dargestellt. Die katholische Mystikerin vom
Rhein, die prophetessa teutonica vom Rupertsberg, wuchs als kränkliches, schwindsüchtiges Mädchen auf und hatte schon früh
visionäre Erfahrungen. Sie traute sich jedoch
nicht davon zu sprechen. Erst viel später, als
sie bereits einen festen Platz im Kloster hatte,
diktierte sie ihre Visionen und ließ sie in lateinischer Sprache niederschreiben. In ihrem
Buch „Scivias" („Wisse die Wege") – eigentlich eine christliche Propagandaschrift –
bezeichnet sie den Menschen als pretiosissima
margarita, als „kostbarste Perle". In welchen
Schmutz diese Perle auch falle, man könne sie
immer wieder reinigen und zum Strahlen bringen. Die katholische Seherin wurde schon zu
Lebzeiten eine Volksheilige, doch die offizielle
Heiligsprechung durch den Vatikan läßt bis
heute auf sich warten.
Hildegard von Bingen wird außerdem als die
„erste deutsche Naturforscherin und Ärztin"
gefeiert. Sie unterhielt im Kloster einen Garten
mit Nahrungs-, Gewürz- und Heilpflanzen.
Auch studierte sie die antiken und arabischen
Schriften zur Arzneimittellehre und Heilkunst
(Dioskurides, Galen, Celsus, Avicenna u. a.).
Durch ihre Nähe zum Volk konnte sie viel einheimisches Kräuterwissen zusammentragen.
Aus diesen verschiedenen Quellen speisten

sich ihre naturkundlichen und medizinischen
Schriften. In der „Physica" oder „Naturkunde" werden die medizinischen Eigenschaften und Anwendungen von einheimischen und
ausländischen Pflanzen, Tieren und Steinen
beschrieben. Darin heißt es:
„Von den Perlen (Margaritae): Es gibt gewisse
Wässer der Flüsse, die salzig sind, aus denen
die Perlen entstehen. Denn die Fettigkeit dieser Flüsse mit ihrem Salzwasser fällt auf den
Sand, so daß das obere Wasser gereinigt wird.
Und diese Fettigkeit mit ihrem Salzwasser
ballt sich zu Perlen zusammen, und diese Perlen sind rein. Nimm daher diese Perlen und
lege sie in Wasser, und der ganze Schleim, der
in diesem Wasser ist, sammelt sich um die Perlen, und das obere Wasser wird gereinigt und
gesäubert. Und ein Mensch, der Fieber hat,
der trinke oft dieses obere Wasser, und es wird
ihm besser gehen. Aber auch wer Kopfweh
hat, der wärme die Perlen an der Sonne und
so warm lege er sie an seine Schläfen, und er
binde ein Tuch darüber, und er wird geheilt
werden."
Die Flußperle, Berlin, „Beere", genannt,
kommt bei Hildegard nicht so gut weg:
„Von den Perlchen (Berlin): Die Perlchen entstehen aus gewissen Muscheltieren, d. h. Tieren, die in Muscheln liegen, und die im Meer
und in gewissen großen Flüssen bleiben. Denn
einige von diesen Muscheltieren halten sich
um den Grund dieser Flüsse auf, und dort
suchen sie ihre Nahrung, und sie sind etwas

giftig. Und von dem Unrat, den sie auf jenem
Grund in sich ziehen und von ihrem Gift,
wenn sie es aussparen, ballen sich gewisse
Perlchen zusammen und entstehen so. Sie sind
bisweilen trüb, weil die Tiere sich um den
Grund dieser Gewässer aufhalten, und es ist
fast kein Nutzen in ihnen. Aber einige von
diesen Muscheltieren pflegen sich in der Mitte
der Flüsse aufzuhalten, wo die Wasser rein
sind, und dort ziehen diese Tiere weniger
Unrat in sich, und daher haben sie auch nur
wenig Gift in sich. Daher werden auch jene
Perlchen dort hell, die aus jenen Wassern entstehen, die die Tiere in sich ziehen, und von
dem Gift, das sie aussparen, weil dort in der
Mitte der Flüsse eine gewisse Reinheit der
Wasser besteht. Aber dennoch ist fast kein
Nutzen für die Heilkunde in ihnen, es sei
denn, daß sie lediglich heller als die andern
sind, und daß sie weniger Gift als die andern
in sich haben. Aber einige dieser Muscheltiere
halten sich an der Oberfläche dieser Flüsse
auf, wo Schaum und viel Unrat dieser Gewässer fließen. Und von dem Schaum und von
jenem oberflächlichen Unrat mit dem Gift dieser Tiere ballen sich gewisse Perlchen zusammen, die auch etwas trüb sind, weil sie aus
dem Schaum von Ansammlungen jenes Unrats
entstehen, und sie taugen nicht zum Nutzen
der Heilkunde, weil sie den Menschen mehr
Krankheit als Gesundheit bringen. Denn wenn
ein Mensch ein Perlchen in seinen Mund
nähme, würde er sich beinahe solche Krank-

heit zuziehen und so krank werden, wie wenn
er ein Gift genommen hätte. Und wenn er sie
auch an seine Haut legte, so daß sein Fleisch
von ihnen warm würde, würde er das Gift aus
ihnen in sich ziehen, und auf diese Weise
würde er krank und Schmerzen leiden."
Etwas später berichtet der katholische Geistli-
che und Gelehrte Albertus magnus (1193 bis
1280) in seinem Werk (Liber 11) über die Perlen und ihre Entstehung:
„Die Perle ist ein Stein, der sich in unschein-
baren Muscheln befindet. Die besseren kommen aus Indien, viele aber aus dem Britann-
ischen Meer, das jetzt das Englische Meer
genannt wird. Sie finden sich gegen Flandern
und Deutschland hin. Ich hatte bei einer
Mahlzeit deren zehn in meinem Munde, die
ich beim Austernessen fand. Junge Muscheln
haben bessere. Manche von ihnen sind durch-
löchert, manche unversehrt. Sie haben eine
Farbe, wie wenn ein schwaches Licht in viel
Weiß eindringt. Daher glänzen sie, obwohl sie
doch weiß sind. Es heißt auch, daß die Austern sie beim Donnern wie in einer Frühge-
burt von sich geben. Daher findet man sie in
Flüssen, in der Mosel und in einigen Flüssen
Galliens im Sande. Es ist aber ihre Kraft
erprobt zur Stärkung der Lebensgeister und
gegen chronische Herzschwäche."
Mittelalterliche Vorstellungen von der medizinischen Wirkung der Perle blieben bis in die
Neuzeit wirksam. So erklärte der Arzt Mala-
chias Geiger in seinem Buch „Margaritologia"

Perlen / Unio, Margarita. Cap. 15.
Perlenmutter / Conchæ margaritiferæ.

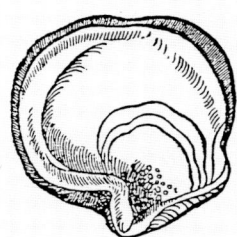

Die Perlen werden auf Griechisch Μαργα-
ρειτα, Lateinisch Unio, Margarita, Frantzö-
sisch vne Perle, Italianisch Perla, und Hispan. la Perla
genannt. In besondern Muscheln / die im Meer li-
gen / und sonderlich in India gefunden. Solche Muscheln werden Perlenmutter / Conchæ margaritiferæ genennet. Auch findet man viel in Engelland und
in Flandern.

Ihre Tugend sind die lebendige Geister / so vom
Hertzen kommen / zu stärcken / und benemmen das Hertz-
Hertzzittern und den Schwindel deß Haupts.

Auch wer geneigt were zu grosser Ohnmacht / also
daß ihm darvon geschwindet / der brauche Perlen die mit Zucker bereitet sind / Ma-
nus Christi cum perlis genannt / sie stärcken das Hertz.

Wer tunckele Augen hat / der brauche Perlen / die nemmen die weissen Flecken
im Augapffel hinweg.

Sie sind auch gut wider den Blutfluß und die rothe Ruhr. Sie verhalten den Rote
Frauen ihre Zeit / und machen schöne Zähn. Ruhr. Frauen-
zeit.

Faksimile des Eintrags über Perlen und Perlmutt als Heilmittel aus dem
„Kräuterbuch" des Adamus Lonicerus von 1679

(1637), daß kleine Täfelchen, die aus pulverisierten Perlen und anderen Zutaten (Blattgold, Ambra, Hirschhorn, Zimt usw.) gebacken würden, vor der Pest ganz sicher schützten. Außerdem empfahl er pulverisierte Perlen als Schlafmittel, „Gehirnstärkungsmittel", als Arznei gegen Schwindelgefühle, als Verjüngungsmittel und gegen „melancholische Stimmungen".

In einem Dokument von 1554 heißt es, daß Perlen die „Gallensteine der Weichtiere" seien. Wohl wegen dieser angeblichen Analogie wurden Perlen auch zur Behandlung von Gallenleiden oder Krankheiten, die durch „Galle" verursacht werden, arzneilich eingesetzt. Auf der Grundlage der Signaturlehre nach Paracelsus (1493/94–1541) dachte man, daß die Perle aufgrund ihrer runden Form mit dem Auge korrespondiere. Deshalb benutzte man sie als Arznei bei Augenerkrankungen. Man streute Perlenpulver in die entzündeten Augen.

Perlen und Perlmutt in chinesischer Medizin

Perlen und Perlmutt gehören seit Anbeginn zu den traditionellen Heilmitteln der chinesischen Medizin. In China verwendete man ausschließlich die nicht durchbrochene, sozusagen noch „jungfräuliche" Perle, die als Heilmittel für alle Augenkrankheiten galt und im Ruf stand, ein Aphrodisiakum und Fruchtbarkeitsmittel zu sein. In einem altchinesischen Kräuterbuch heißt es:

„Besonders kluge Kinder bekommt man, wenn Mann und Frau im entscheidenden Augenblick je fünf kleine Kugeln im Mund haben, die aus einer zerstoßenen Auster, mit Blumentau gemischt und mit fehlerfreien Perlen angesetzt, gewonnen wurden. Das Mittel muß allerdings vorher in der Sonne getrocknet haben und vom Mond beschienen worden sein. Erst dann haben die Perlen den Blumentau und das Austernpulver eingesogen."

Pulverisierte Perlen aus einer chinesischen Apotheke

Genauso wie Perlen galten die pulverisierten Schalen der asiatischen Auster (Ostrea gigas) als Aphrodisiakum und Heilmittel. Der Enzyklopädist Shen Kuo (1031–1095) schreibt in „Pinselunterhaltungen am Traumbach": „Seeaustern: Die Schmuckauster [Meretrix meretrix], die die Leute in Wu essen, entspricht der Buntauster. Die Archenmuschel [Arca inflata] heißt auch Che'ao [‚Radkrabbe']. Die heutzutage unbekannten Seeaustern kann man, solange sie jung sind, an schlammigen Stellen entlang der Meeresküste fangen. Große Exemplare sind so groß wie eine Schachfigur, kleine dagegen nur so groß wie ein Hirsekorn. Gelblich-weiße und rote Austern kommen zusammen vor, gehören aber vielleicht nicht ein und derselben Art an. Außerdem fangen die Schalen aller Austern erst dann zu schimmern an, wenn sie unter dem Einfluß der Meeresbrandung geschliffen werden, so daß sie dann nicht mehr das ursprüngliche Aussehen besitzen. Austern treten in zahlreichen Arten auf. Alle Austern mit festen, schimmernden Schalen sind für die Herstellung von Arzneien brauchbar, so daß man sich nicht auf eine bestimmte Art beschränkt und sie gemeinhin Seeaustern nennt." (503)

Auch andere Molluskenschalen, vor allem die perlmutternen, gehören zum traditionellen chinesischen Arzneischatz. Das große Seeohr (Haliotis gigantea) heißt auf Chinesisch shi jue ming und wird der Kategorie der Heilmittel, die „leberberuhigend und windaufhaltend" wirken, zugeordnet. Unter „Wind" versteht man die nervöse Energie, die von einer erkrankten oder entzündeten Leber ausstrahlt und die anderen Organe schädigt. Der schlechte „Leberwind" verursacht nach der chinesischen Medizin auch nervöse Störungen, Delirium, Reizbarkeit, Schwindel und Krämpfe. Die Arznei (Haliotidis concha) besteht aus der zerstoßenen Perlmuttschale und soll ein „salziges, leicht kaltes" Wesen haben. Als Dosierung soll man jeden Tag 15 bis 30 g schlucken. Sie wird bei Leberleiden, Fieber, Schwindel, Benommenheit, Augenleiden und grauem Star verordnet.

Indische und tibetische Zubereitungen

Die Perle hat im Sanskrit, der alten indischen Gelehrtensprache, viele Namen, die ihre Wertschätzung verdeutlichen: ambhahsâra, „das Edelste des Wassers"; induratna, „dem Mond geweihtes Juwel"; shashipriya, „vom Mond

Oben: Japanische Taucherinnen sammeln Awabi (Haliotis gigantea) bei
Enoshima; Holzschnitt von Utamaro Kitagawa, 18. Jahrhundert.
Unten links: Haliotis-Schalenstücke als Rohdroge in der chinesischen
Medizin
Unten rechts: Perlen entstehen nach dem Glauben der Tibeter zum einen
aus den Köpfen von Schlangen, zum anderen aus Perlaustern; Detail aus
einem tibetischen Medizinthanka, 20. Jahrhundert.

geliebt"; binduphala, „Frucht/Same des Tropfens"; bhûruha, „aus einem lebenden Wesen kommend".

„Arharva-Veda", ein alter Sanskrit-Text, der zu den vedischen Schriften gezählt wird, rühmt in einer Hymne die vergöttlichte Perle:
„Aus dem Wind, aus der Luft, aus dem Lichte geboren,
möge uns die Perle, des Goldes Kind, ein Schutz sein vor der Furcht!
Mit der vom Ozean geborenen Muschel,
diesem ersten aller leuchtenden Dinge,
töten wir die Dämonen und siegen wir über die gierigen Dämonen!
Mit der Muschel siegen wir über Krankheit und Armut.
Die Muschel ist unser allezeit wirkendes Heilmittel;
vor der Furcht beschützt uns die Perle.
Geboren aus dem Himmel, geboren aus dem Meer,
von dem Fluß Indus zu uns gebracht,
ist die Muschel, aus dem Gold geboren,
für uns der Edelstein, der das Leben verlängert.
Aus dem Meer geborenes Kleinod, aus der Wolke geborene Sonne,
möge sie uns allerorten schützen
vor den Pfeilen der Götter und der Asuras.
Du bist eine der Gestalten des Goldes,
du bist aus dem Mond [soma] geboren,
du schmückst den Wagen, du gleißest am Köcher.

Verlängere unser Leben!
Das Knochengerüst der Götter ist zur Perle
geworden;
es erfüllt sich mit Leben und regt sich in der
Tiefe der Wasser.
Ich halte dich fest um des Lebens, um der
Kraft,
um der Stärke, um des langen Lebens willen,
des Lebens, das hundert Herbste währe.
Möge die Perle dich beschützen."
In Indien und im Himalajagebiet herrscht die
Vorstellung, daß Perlen aus den Tautropfen
des Mondes entstehen. Es heißt, daß die Perlaustern in Vollmondnächten an die Wasseroberfläche schwämmen, dort ihre Schalen wie
Flügel ausbreiteten und ihr Fleisch dem
Mondlicht aussetzten. Der Mond gilt als ein
Trinkgefäß der Götter, das sich, wenn er
zunimmt, mit dem soma oder amrita genannten Lebenselixier füllt. Ist der Mond voll, trinken die Götter begierig den berauschenden
Trank. Dabei fallen ein paar Tropfen herab,
die sich als Tau auf der Erde niederschlagen.
Trifft der Tau auf das Austernfleisch, verdich-
tet er sich zu einer Perle. Die so vom Mondtau
geschwängerte Perlauster schließt wieder ihre
Schalen und schwimmt zurück zum Meeresgrund.
Die Perle ist also manifestiertes soma/amrita
und deshalb als Lebenselixier wirksam. In der
Sanskrit-Schrift „Kathâsaritsâgara" heißt es,
daß die Perle – wie die Elixiere der Alchimi-
sten – „Gift und Dämonen, Alter und Krank-

Thailändische
Bordelltoken aus
Perlmutt, 19.
Jahrhundert: Der
Liebesdienst
wird symbolisch
mit einem
Aphrodisiakum
bezahlt.

heit vertreibt". Die Schrift „Harshacarîta"
betont, daß die Perle aus den Tränen des
Mondgottes geboren und – da der Mond die
„Quelle der in Ewigkeit heilenden Götter-
speise" ist – als universales Gegengift wirksam
sei. Außerdem könne die Perle zur Heilung
von Blutfluß, Gelbsucht, Besessenheit, Wahn-
sinn, Augenkrankheiten und Schwindsucht
beitragen.

In der ayurvedischen Medizin, der traditionellen indischen Heilkunde, wird noch heute ein
Perlenpulver wegen seiner „kräftebelebenden
und aphrodisischen Eigenschaften" verschrie-
ben. Die ayurvedische Medizin hat die Medizin der Tibeter stark beeinflußt. In dem tibetischen Medizinbuch „Das Tantra der Erklärung" wird die medizinische Qualität der
Perle beschrieben:

„Die Perle hat sieben Bezeichnungen. Rakta
mutika, die erste Sorte, wird als höchst wert-
voll erachtet, da sich Buddha als das rote
Geschöpf manifestierte, von dem man die rote
Perle erhalten kann. Die zweite Sorte, Gandza
Mu-tig, ist glitzernd weiß und kommt aus
dem Inneren des Schädels bzw. Stoßzahnes des
Elefanten [bzw. aus dem Haupt des Meereselefanten
fanten Makara]. Die dritte Perlensorte heißt
Wa-lu Mu-tig. Sie ist leuchtend blau, stammt
aus Südindien und wird in den Blättern des
Du-ja-Baumes gefunden, nachdem es geregnet
hat. Die vierte Sorte, Ram-pa Mu-tig, ist leicht
grünlich und hat die Größe einer Erbse. Sie
wird nach dem Regen in den Blättern des

Bananenbaums in Ost-Indien gefunden. Die
fünfte Sorte, Mä Mu-tig, ist leuchtend rot und
kommt aus dem Westen von Hor, wo sie im
Gehirn einer bestimmten Schlangenart gefunden wird. Die sechste Perlensorte, Shing-pi-ka
Mu-tig, variiert in der Größe und hat ein
blaßgelbes Leuchten. Sie kommt aus dem
Magen eines Meeresgeschöpfes, das Pang-tsi
genannt wird. Dieses gleicht einer Auster und
wird bei Sri Lanka gefunden.
Alle Perlensorten ohne Augen sind männli-
chen Geschlechts. Jene mit vielen Schichten
werden als weiblich angesehen. Perlen bewah-
ren vor dem Verlust der Gehirnflüssigkeit und
kurieren alle Arten von Vergiftungen. Perlmutt
hat drei Bezeichnungen. Seine Wirkkräfte sind
der von Perlen nicht unähnlich."
In der tibetischen Medizin und Kosmologie
wird die Perle Mu-tig, dem Mond, zugeordnet. Die seltenen schwarzen Perlen stehen im
Zeichen des Saturns. Die Perle hat nach tibeti-
scher Überlieferung die Kraft, die weibliche
Fruchtbarkeit zu fördern, bei Augenkrankheiten, Lungenschwindsucht und Vergiftungen zu
helfen. Die pulverisierte Schale der Perlauster
dun-dkar, „weiße Muschel", soll Husten,
Asthma und Koliken besänftigen.

Die Perle in der modernen Lithotherapie

Das Wort Lithotherapie bedeutet „Behandlung mit Steinen". Es wurde schon in der
Antike und im Mittelalter als Bezeichnung für

das Heilen mit Edelsteinen benutzt. Dabei gibt es verschiedene Methoden, die Steine medizinisch zum Einsatz zu bringen. Mal werden sie pulverisiert, meist mit anderen Substanzen und Heilpflanzen vermischt, eingenommen. Mal werden die Steine nach bestimmten Vorschriften in Getränke (Wasser, Bier, Wein, Schnaps) gelegt. Der Kranke trinkt nur den mit „Schwingungen" oder „Steinenergien" „aufgeladenen" Trank. Oder die Edelsteine werden als Amulette in Form von Schmuckstücken, meist Ringen, getragen. Seltener werden die Edelsteine auf bestimmte Körperpartien gelegt. Seit der Antike werden den Edelsteinen genau definierte Heilwirkungen zugeschrieben. Außerdem werden sie astrologisch den Planeten und Sternzeichen zugeordnet. Der astrologische Aspekt ist wichtig für die Bestimmung eines Heilsteins. So wird der Stein für einen Kranken u. a. nach dessen Sternbild und Horoskop ausgewählt.

Seit alters werden auch Perlen im weiteren Sinne als Edelsteine angesehen. Sie haben in der Lithotherapie einen festen Platz neben Bergkristall, Aquamarin, Rubin, Saphir, Opal Karneol, Chrysopras, Smaragd und Mondstein. Perlen werden meist dem Tierkreiszeichen Krebs (22.6.–22.7.) zugeordnet. Der Krebs selbst ist ein Wasserwesen und steht im Zeichen des Mondes. In der Astrologie stehen Perlen und Perlmutt für den Mond, der alle Wasserwesen beherrscht.

Der Mineralienspezialist Andreas Guhr

schreibt in seinem Buch „Mythos der Steine",
das wesentlich zum Wiederaufleben der Lithotherapie beigetragen hat:
„In der Lithotherapie werden besonders rosa
Perlen eingesetzt, um die Sehkraft der Augen
zu stärken und depressive Zustände zu mil-
dern. In magischer Hinsicht sind der Perle
allerlei Kräfte zugeschrieben worden; so soll
sie starke magnetische Eigenschaften besitzen
und vor kommendem Unheil warnen. Astrologisch gesehen soll besonders die helle Perle
dem Krebs den Sinn für Ästhetik fördern. Die
schwarze Perle wird dem Steinbock zugeordnet, der durch sie vor kommendem Unheil
gewarnt werden soll."
In manchen Büchern zur heutigen Lithotherapie werden recht seltsame Vorstellungen über
die Herkunft von Perlen verbreitet. So heißt es
bei Gurudas, daß Perlen aus mentaler Energie
in dem versunkenen Kontinent Lemuria oder
Mu erzeugt würden. Der moderne Prophet
Edgar Cayce (1877–1945) glaubt, Perlen ent-
stünden durch Magnetismus. Wenn man die
Perle nun zum „Schwingen" bringen wolle,
müsse man sie kurz mit ultraviolettem Licht
behandeln. Dadurch soll sie die heilsamen
„Vibrationen" erhalten. Solche „Vibrationen"
sollen ja von allen Edelsteinen ausgehen und
für deren Heilwirkungen verantwortlich sein.
Derartige Vibrationen entbehren allerdings
jeglicher wissenschaftlicher Grundlage. Dennoch sollen sie angeblich von besonders sensi-
tiven Menschen wahrgenommen werden.

Mollusken, die Perlen produzieren

Der Stamm der Weichtiere oder Mollusken umfaßt nicht nur Muscheln (Bivalvia) und Schnecken (Gastropoda), sondern auch die Tintenfische oder Cephalopoda = Kopffüßer sowie die weniger bekannten Zahnschnecken (Scaphopoda, z. B. Dentalium), Käferschnecken (Polyplacophora) und Wurmmollusken (Aplacophora). Obwohl fast alle Mollusken Schalen tragen, produzieren nur bestimmte Muscheln, Schnecken und Tintenfische Perlmuttschichten in ihren Gehäusen oder Perlen. Die wichtigsten perlenliefernden Arten werden im folgenden beschrieben.

Schnecken (Gastropoda)

Die Schnecken oder Gastropoden = Bauchfüßer bilden unter den Mollusken die größte Klasse mit ca. 110 000 Arten. Davon leben die meisten im Meer, etwa 10 000 Arten kommen im Süßwasser vor, und rund 32 000 Arten sind an das Landleben angepaßt. Fast alle Arten bilden einteilige Schalen aus, die fast immer spiralig gedreht und getürmt sind. Im Prinzip können wohl alle schalentragenden Schnecken Perlen ausbilden, dennoch sind nur wenige Arten dafür bekannt. Manche von Meeresschnecken produzierte Perlen werden heute als kostbare „Edelsteine" geschätzt. Hier ein Überblick nach der aktuellen zoologischen Systematik (angegeben sind Art, Familie und populäre Namen):

Haliotis corrugata, Haliotidae
Rosa Meerohr, Pink Abalone
Die etwa 15 cm große Pink Abalone kommt
an der kalifornischen Küste vom Gezeiten-
saum bis zu 30 m Tiefe vor. Die Schalen zeich-
nen sich durch besonders lebhafte Farben und
Muster auf der Perlmutt-Innenseite aus. Schon
die prähistorischen Indianer haben das Perlmutt und die Schalen als Werkstoff und
Schmuck geschätzt. Diese Art bildet Perlen
mit silbrigem Schein und flammenden Farben
(grün, blau, violett) aus.

Haliotis iris, Haliotidae
Paua, Rainbow Abalone, Regenbogen-Aba-
lone, Irisierendes Meerohr
Die Paua Abalone ist ein mittelgroßes Meerohr, das nur an den Felsen der Gezeitenzone
von Neuseeland vorkommt. Paua-Perlen sind
besonders attraktiv durch ihr intensives Farbenspiel von Blau und Grün auf einem dunklen Untergrund. Das Paua-Perlmutt, auch
„See-Opal" genannt, ist ein begehrter Rohstoff für die Schmuckfertigung. Schon die
Maori, die Ureinwohner von Neuseeland,
haben es für kultischen Schmuck und magische Gegenstände genutzt. Außerdem haben
sie Angelhaken aus Holz geschnitzt und mit
Paua bekrustet, um sie als Blinker für die Fi-
scherei zu verwenden. Die Paua-Vorkommen
sind durch japanische Überfischung stark
gefährdet. Das Paua-Fleisch ist ein kostbarer
Bestandteil der japanischen Küche.

Haliotis rufescens, Haliotidae
Rote Abalone, Rotes Meerohr, Red Abalone
Die bis zu 30 cm große Rote Abalone kommt
hauptsächlich im Golf von Kalifornien vor. Sie
liefert nicht nur Perlen (Abalonenperlen,
Abalonenblister), sondern auch reichlich Perlmutt für die Schmuckindustrie. Das Fleisch ist
eine begehrte Delikatesse. Es wird besonders
von in Kalifornien lebenden Japanern und
Chinesen konsumiert. Die Asiaten halten das
Fleisch für ein Aphrodisiakum.

Trochus niloticus, Trochidae
Perlmuttkegel, Pearly Top Shell, Commercial
Trochus
Diese bis zu 15 cm hohe Meeresschnecke
kommt im gesamten Indopazifik vor. Die
dicke Schale diente vor allem als Rohstoff für
Perlmuttknöpfe. Bekannt sind 4,5 mm große
Aragonit-Perlen von den Andamanen. Im
Handel tauchen auch aus den Gehäusespin-
deln gedrechselte „Perlen" auf („Trochus-
Perlen").

Turbo marmoratus, Turbinidae
Grüner Turban, Green Turban
Diese größte Turbanschnecke (bis 20 cm)
kommt im Indo-Westpazifik (Philippinen) vor
und gehört wegen Überfischung zu den
bedrohten Arten. Die robuste Schale besteht
aus einer dicken Perlmuttschicht und wird
gerne zu Gefäßen, Löffeln und Schmuckstücken verarbeitet. Die sehr seltenen Perlen

Aus der dicken Gehäusespindel der großen Marmorschnecke (Turbo marmoratus; unten rechts) werden seit alters Fetische und Amulette geschnitzt
(oben).
Der Perlmuttkegel (Trochus niloticus; unten links) hat eine dicke Perlmuttschale. Die darüberliegende pigmentierte Aragonitschicht wird für
kommerzielle Zwecke abgeschliffen. Aus solchen Gehäusen wurden früher
Perlmuttknöpfe geschnitten.

sind rosa oder gelblich mit einem sanften Farbenspiel.

Littorina littorea, Littorinidae
Gemeine Strandschnecke, Common Periwinkle
Sogar die auch an unseren Küsten häufig zu findende Strandschnecke kann Perlen produzieren. Bekannt sind 2,5 mm große prozellanartige weiße Perlen. Meist findet man sie beim Verspeisen der gekochten Schnecken (und hält sie für Sand).

Strombus gigas, Strombidae
Riesenflügelschnecke, Große Flügelschnecke, Fechterschnecke, Pink Conch, Queen Conch, Common Conch
Die etwa 20 bis 30 cm große Flügelschnecke ist nur in der Karibik verbreitet. Ursprünglich auch anderswo häufig anzutreffen, ist sie inzwischen durch gnadenlose Überfischung, vor allem wegen des wohlschmeckenden Fleisches, stark gefährdet und unterliegt deshalb zu Recht dem Artenschutzabkommen. Die schweren Gehäuse dienen seit alters als Baumaterial für Einfriedungen und Gartenhecken. Die Indianer haben aus den Gehäusen Trompeten hergestellt. Bei der Fleischgewinnung stieß man immer wieder auf Perlen (Conch-Perlen, Conch Pearls) mit den gleichen attraktiven Farbtönen wie die Schale (rosa, gelb, ocker, weiß, braun, lachsfarben) und manchmal einer flammenartigen Musterung. Die

Aus der Schale der Riesenflügelschnecke (Strombus gigas; oben,
aufgeschnitten und vollständig) fer-
tigten schon die Azteken Schmuck
an. Die von diesem Tier produzierten Perlen (Conch Pearls; rechts)
sind im internationalen Juwelenhan-
del hochdotierte Schmucksteine.

schönen rosa Perlen (Pink Pearls) verlieren leider bei intensiver Sonnenbestrahlung ihre Farbtiefe und ihren Glanz. Aus der rosa Schale, die im kunstgewerblichen Handel Rosalin heißt, werden Kameen, Gemmen, Intaglien und andere Schmuckstücke geschnitten.

Cypraecassis rufa, Cassidae
Rote Helmschnecke, Feuerofen, Bullenmaul, Red helmet
Diese intensiv rot gefärbte Meeresschnecke ist im gesamten Indo-Pazifik verbreitet. Die schönsten Exemplare stammen aus dem Indischen Ozean. Die Schalen wurden bereits von den Cro-Magnon-Menschen in Südfrankreich vor über 25 000 Jahren aus Ostafrika importiert und als religiöse Gegenstände verehrt. Aus der Schale werden seit dem Altertum Kameen geschnitten. Die recht seltenen Perlen haben eine rötlich geflammte Färbung.

Pleuroploca gigantea, Fasciolariidae
Große Pferdeschnecke, Florida Horse Conch
Die in der Karibik, vor allem an der Südküste Nordamerikas, verbreitete Große Pferdeschnecke gehört mit ihrer Schalenhöhe bis zu 60 cm zu den größten bekannten Schneckenarten. Ihre Gehäuse dienten schon den prähistorischen Indianern Floridas und den alten Maya als Trompeten und Wasserbehälter. Bei archäologischen Ausgrabungen wurden zahlreiche Exemplare mit Verzierungen und Edelsteinbesatz geborgen. Die Schnecke bildet in

seltenen Fällen auch Perlen (Horse Conch Pearls) aus, die an die Pink-Conch-Perlen erinnern, meist aber bräunlich-orange gefärbt sind und sehr groß werden können. Es ist ein Exemplar von 112 ct. und einem maximalen Durchmesser von 2,75 cm bekannt.

Turbinella angulata, Turbinellidae
(= Turbinella scolymoides DALL, *Xancus angulata)*
Westindische Lampenschnecke, West Indian Chank, Lamp Shell, Die heilige Schnecke der Maya (siehe S. 151)
Die bis zu 20 cm große Meeresschnecke ist im Golf von Mexiko und bei den Bahamas beheimatet. Die alten Maya und Azteken haben die robusten Schalen in sog. Opfernischen in ihren Tempeln aufbewahrt und bei Regenzeremonien kultisch genutzt. Die Schnecke liefert gelegentlich rosa und rosenrote Perlen.

Turbinella pyrum, Turbinellidae
(= Xancus pyrum)
Heilige Schnecke, Indian Chank, Great Indian Conch, Sacred Conch, Shanka
Die im Golf von Bengalen häufig vorkommende Schnecke wird seit Jahrtausenden auf dem indischen Subkontinent, im Himalajaraum und in Zentralasien als heilige Schnecke verehrt, bei religiösen Riten zur Meditation genutzt, zu Heilmitteln bereitet und zu Schmuck verarbeitet. Den Hindus gilt die Schnecke als ein Attribut des Gottes Vishnu;

sie wird bei der Morgenandacht zu seinen
Ehren geblasen. In den gefischten Exemplaren
werden gelegentlich rosa gefärbte Perlen
gefunden.

Melo broderipii, Volutidae
Melonenschnecke, „Melo volutes"
Diese um 35 cm lange Volutenart kommt
hauptsächlich bei den Philippinen vor. Ihre
voluminösen Schalen wurden früher als Wasserbehälter und Gefäße genutzt, und es wurden aus ihnen Schmuckscheiben und
„Muschelgeld" gefertigt. Wenn das Fleisch
gegessen wird, stößt man manchmal beim
Zubereiten auf runde bis ovale, bräunlich-
orangefarbene Perlen („Porzellanperlen") mit
Flammenstruktur, die Gewichte bis zu 207 ct.
Aufweisen.

Muscheln (Bivalvia)

Muscheln haben keinen Kopf, dafür aber
immer eine zweiteilige Schale. Von den über
20 000 bekannten Arten leben die meisten im
Meer, manche jedoch in Flüssen und Seen.
Nur wenige Arten bilden echte Perlmuttschichten in ihren Schalen aus.
Neben den im Hauptteil des Buches ausführ-
lich besprochenen echten Perlmuscheln der
Familie Pteriidae und den Süßwasserperlen
der Familien Unionidae und Margaritanidae
bilden auch die im folgenden vorgestellten
Muscheln Perlen aus.

Oben: Die philippinische Melonenschnecke (Melo broderipii) erzeugt
zuweilen große bräunliche Perlen.
Rechts: Turbinella angulata, eine
große Meeresschnecke, die im alten
Mittelamerika häufig kultisch genutzt wurde

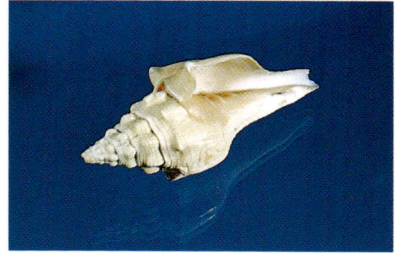

Mytilus edulis, Mytilidae
Miesmuschel, Pfahlmuschel, Common Blue
Mussel
Die Miesmuschel kommt in allen subarkti-
schen Gewässern vor und gehört zu den wichtigsten Speisemuscheln der Welt. Die häufig
beim Verzehren als störend empfundenen
„Sandkörner" sind in vielen Fällen echte Perlmuttperlen. An den Innenschalen findet man
häufiger angewachsene Perlen.
Auch in anderen Arten der Gattung Mytilus
und der Familie Mytilidae (*Perna, Modiolus*)
sind Perlen zu erwarten.

Pinna nobilis, Pinnidae
Große Steckmuschel, Schinkenmuschel, Noble
Pen Shell, Silkworm of the Sea, Wing Shell
Die im Mittelmeer lebende, bis zu 60 cm lange
Steckmuschel war im Altertum vor allem als
Lieferant von Byssusfäden zur Herstellung
sehr feiner Gewebe (z. B. für altägyptische
Handschuhe) bekannt. Außerdem ist das
wohlschmeckende Fleisch eine besondere Deli-
katesse, in der manchmal rötliche Perlen zu
finden sind.

Malleus albus, Malleidae
Hammerauster, White Hammer Oyster
Die hammerförmige, bis zu 20 cm große
Muschel kommt im Indopazifik vor. Sie bildet
etwas Perlmutt und in seltenen Fällen bronze-
artig schimmernde Perlen aus.

Auch unsere eßbaren Miesmuscheln (Mytilus edulis) führen zuweilen echte
Perlmuttperlen. Häufig werden die – hier bis zu 2 mm großen – Perlen irr-
tümlich für „Sand-" oder „Pfefferkörner" gehalten und mit verspeist. Die
abgebildeten Perlen stammen von einer Muschelbank zwischen Amrum
und Föhr.

Die Pilger- oder Jakobsmuschel (Pecten maximus jacobaeus) liefert nicht nur eine kulinarische Delikatesse, sondern auch weiße Perlen.

Pecten maximus ssp. jacobaeus, Pectinidae
Jakobsmuschel, Pilgermuschel, Große Kammuschel, St. James' Scallop
Die Pilgermuschel kommt im Mittelmeer und bei den Kanarischen Inseln häufig vor. Das frei im Wasser schwimmende Tier wird seit der Vorgeschichte wegen seines köstlichen Fleisches (hauptsächlich der als Scallop bekannte Schließmuskel) gefischt. Im Altertum war sie das Sinnbild der Liebesgöttin Aphrodite oder Venus, im Mittelalter wurde sie merkwürdigerweise zu einem Symbol der keuschen Pilger. Heute ziert sie einen Ölkonzern als Wahrzeichen. In ihrem Fleisch werden gelegentlich matt-weiße, perlmuttfreie Perlen gefunden.

Placuna placenta, Anomiidae
Fenstermuschel, Glockenmuschel, Windowpane Oyster, Vittre chinoise, Taira gai
Die fragile, durchscheinende Muschel ist vor allem als Werkstoff im südostasiatischen Kunsthandwerk bekannt. Berühmt sind die klingenden Windspiele, Fenster- und Türvorhänge von den Philippinen. Die Fenstermuschel bildet manchmal unregelmäßig geformte matte bleifarbene Perlen aus. An der Ostküste Sri Lankas fand man Perlen in dieser Muschel, die denen der Pinctada-Muscheln im Golf von Mannar in nichts nachstanden und die als „orientalische Perlen" bekannt wurden.

Ostrea edulis, Ostereidae
Speiseauster, Europäische Auster, Native
Oyster, Huitre comestible
Die an allen europäischen Küsten heimische
Auster bildet unregelmäßige Schalen ohne
Perlmuttschicht aus und darf nicht mit der
Perlauster (Pinctada margaritifera) verwech-
selt werden. Die Austernperlen sind meistens
matt-weiß, manchmal leicht violett gefärbt.
Die roh geschlürfte Delikatesse hinterläßt nur
sehr selten eine knirschende Perle im Mund
des Genießers.

Tridacna gigas, Tridacnidae
Riesenmuschel, Mördermuschel, Giant Clam
Die größte Muschelart der Welt bildet Schalen
bis zu einer Länge von 1,7 m und einem
Gewicht von über einem Zentner aus. Das
unbewegliche Tier ist meist in Korallenriffs
eingewachsen und wird fälschlicherweise als
„Taucherfalle" gefürchtet. Die Muschel
kommt im gesamten Indopazifik vor und ist
überall dort eine beliebte Nahrungsquelle. Aus
den dicken weißen Schalen werden seit alters
Schmuckstücke, Kultfiguren, Muschelgeld-
scheiben und Werkzeuge geschnitten. Die
Schalen dienen als Wasserspeicher, Babybade-
wannen und Taufbecken. Zuweilen finden
sich matt-weiße Barockperlen, die zu den
größten bekannten Perlen zählen. 1935 wurde
auf den Philippinen eine Tridacna-Perle gefunden, die 10 cm breit und 22 cm lang war!

Eine der sehr
seltenen por-
zellanartigen,
perlmuttfreien
Perlen der eß-
baren Auster
(Ostrea edulis).
Ein Gast der
Hamburger
„Schlachterbör-
se" stieß beim
Verspeisen des
Fleisches der hier
abgebildeten
„Imperial-Au-
ster", die von
der Südwest-
küste Hollands
vor Ooster-
Schelde kam,
unversehens auf
die 3 mm große
Perle.

Tintenfische (Cephalopoda)

Tintenfische gehören nicht zu den Fischen, sondern zu den Weichtieren oder Mollusken. Heute gibt es nur 750 Arten, die in allen Meeren zu Hause sind. Von über 10 000 einst existierenden Arten sind hingegen Fossilien oder Versteinerungen überliefert. Nur die urtümlichsten Gattungen haben, den Schnecken ähnlich, Schalen ausgebildet. Zu den lebenden Arten, die Schalen ausbilden, zählen die Perlboote (Nautilus) und die Papierboote (Argonauta). Das Perlboot hat im Inneren eine weißglänzende Perlmuttschicht; das Papierboot bildet – wie der Name schon sagt – nur noch eine hauchdünne, pergamentartige, eben an Papier erinnernde und sehr fragile Schale aus (siehe auch S. 102f.). Perlen und Perlmutt werden nur von den drei Arten der Gattung Nautilus hervorgebracht.

Das gemeine Perlboot oder Nautilus pompilius ist im Indo-Pazifik recht häufig. Es kann bis zu 400 m tief tauchen. Auch die beiden seltenen Arten tauchen in diese Tiefen. Bei Neukaledonien kommt das nur etwas genabelte Neukaledonien-Perlboot (Nautilus macromphalus) vor. In den Gewässern zwischen Bali, Papua-Neuguinea und den Salomonen ist das Genabelte Perlboot (Nautilus scrobiculatus) verbreitet.

Erstaunlicherweise sind ausgerechnet die Perlen, die das Perlboot (Nautilus) produziert, keine Perlmuttperlen. Sie sind porzellan- oder

Zu den lebenden Tintenfischarten, die Schalen ausbilden, gehören neben den Papierbooten (Argonauta) auch die Perlboote (Nautilus), deren Schalen hier abgebildet sind.

alabasterweiß, zeigen nur einen schwachen Glanz und sind barock gestaltet oder birnenförmig. In seltenen Fällen gibt es auch am Gehäuse angewachsene Perlen.

Die sogenannten Osmond-Perlen oder Coque de Perle, die im internationalen Schmuckhandel geführt werden, sind keine echten Perlen. Sie werden aus dem innersten Gehäuse der 18 bis 20 cm messenden Nautilus-Schale gefertigt. Dazu wird das Embryonalgehäuse herausgetrennt und poliert. Meist werden zwei Hälften davon zusammengeklebt und danach zu Modeschmuck weiterverarbeitet.

Das Gehäuse des Nautilus erinnert an ein Schneckenhaus, es ist planspiralig aufgerollt. Im Gegensatz zum Schneckenhaus ist der Nautilus aber gekammert, und die einzelnen Kammern sind mittels einer Röhre, des Siphons, verbunden. In den einzelnen Kammern befindet sich ein Gemisch aus Luft und Wasser. Die Zusammensetzung wird von dem Tier, das in der letzten offenen Kammer, der Wohnkammer, sitzt, kontrolliert und je nach Bedarf verändert. Wird der Druck in den Kammern erhöht oder gesenkt, so steigt das lebende Tier im Wasser auf oder ab.

Als dieses Naturwunder erkannt wurde, ließ sich der französische Schriftsteller und Vater des Science-fiction-Genres, Jules Verne (1828–1905), zu seinem epochalen Roman „20 000 Meilen unterm Meer" inspirieren. Das darin geschilderte U-Boot „Nautilus" ist nach dem Prinzip des Weichtieres konstruiert.

Wie der Konstrukteur der ersten historischen Tauchkugel, William Beebe (1877–1962), bekannte, diente ihm Vernes „Nautilus" als Modell. Auch der berühmte U-Boot-Erbauer Simon Lake sagte, daß seine Schiffe „Stück für Stück die Nautilus" seien. Als die Amerikaner ihr erstes atomgetriebenes U-Boot für die Reise unter das Packeis des Nordpols bauten, tauften sie es in direkter Anlehnung an ein Kapitel des Romans ebenfalls „Nautilus". Was sich Jules Verne nur ausgedacht hatte, wurde so zur Wirklichkeit: Der „Nautilus" gelang es 1957 tatsächlich, unter dem ewigen Eis des Nordpolarmeeres hindurchzutauchen.

Moderner, auf der indonesischen Insel Bali gefertigter Nautiluspokal

Verzeichnis der geschützten Arten

Viele Mollusken sind aufgrund von Überfischung, Umweltverschmutzung und Naturzerstörung stark gefährdet und deshalb – zu Recht – unter Artenschutz gestellt. Viele perlenproduzierende Arten und Perlmutt-lieferanten gehören zu den international geschützten Arten. Folgende Liste führt sie auf (Washingtoner Artenschutzübereinkommen = WA; Berner Konvention = BE; Bundesartenschutzverordnung = BAV):

Pinna nobilis	BAV
Tridacna gigas	WA
Tridacna spp. (alle Arten)	WA

Unionidae oder Flußmuscheln:

Conradilla caelata	WA
Cyprogenia aberti	WA
Dromus dromas	WA
Epioblasma curtisi	WA
Epioblasma florentina	WA
Epioblasma sampsoni	WA
Epioblasma sulcata perobliqua	WA
Epioblasma torulosa gubernaculum	WA
Epioblasma torulosa rangiana	WA
Epioblasma torulosa torulosa	WA
Epioblasma turgidula	WA
Epioblasma walkeri	WA
Fusconaia cuneolus	WA
Fusconaia edgardiana	WA
Fusconaia subrotunda	WA
Lampsilis brevicula	WA
Lampsilis higginsi	WA
Lampsilis orbiculata orbiculata	WA
Lampsilis satura	WA
Lampsilis virescens	WA
Lexingtonia dolabelloides	WA

Plethobasus cicatricosus	WA
Plethobasus cooperianus	WA
Pleurobema clava	WA
Pleurobema plenum	WA
Potamilus capax	WA
Quadrula intermedia	WA
Quadrula sparsa	WA
Toxolasma cylindrella	WA
Unio nickliniana	WA
Unio tampicoensis tecomatensis	WA
Villosa trabilis	WA
Anodonta anatina	BAV
Anodonta cygnea	BAV
Microcondylaea compressa	BE
Pseudanodonta complanata	BAV
Unio crassus	BAV
Unio elongatulus	BE
Unio pictorum	BAV
Unio tumidus	BAV
Margaritifera auricularia	BE
Margaritifera margaritifera	BE u. BAV
Strombus gigas	WA

Begutachtung von Perlenschmuck

Seriöse edelsteinkundliche Sachverständige arbeiten für ihre Begutachtungen und Bewertungen von Perlen und Perlenschmuck mit Instituten und Gutachtern zusammen, die für eine umfassende Untersuchung von Perlen instrumentell gerüstet sind.

Im deutschsprachigen Raum gibt es nur wenige Institute bzw. Sachverständige, die derartige Prüfungen routinemäßig durchführen. Hierzu gehören (gereiht nach Standort):

SSEF Schweizerisches Gemmologisches Institut
Falknerstrasse 9, CH-4001 Basel, Schweiz
Tel.: 0041-61-2 62 06 40

Mineralogisches Museum der Universität Hamburg
Grindelallee 48, 20146 Hamburg
Tel.: 0 40-41 23 20 58

Deutsche Stiftung Edelsteinforschung
der Deutschen Gemmologischen Gesellschaft
Prof. Schlossmacher Str. 1, 55743 Idar-Oberstein
Tel.: 0 67 81-4 30 11

Institut für Edelsteinforschung der Universität Mainz
Am Markt, 55743 Idar-Oberstein
Tel.: 0 67 81-4 47 67

Gübelin Gemmologisches Labor
Maihofstr. 102, CH-6000 Luzern 9
Tel.: 00 41-41-4 29 17 17

Labor Prof. Mican
Habsburgergasse 10, A-1010 Wien
Tel.: 00 43-1-5 33 90 99

Viel Freude hätte sicherlich ein Sachverständiger
bei der Beurteilung des Perlenschmucks von
Joséphine, der ersten Frau Napoléons; zeitgenössisches Miniaturporträt.

Literatur zu Perlen und Perlmutt

R.T. Abbott, S.P. Dance
(1986)
Compendium of Seashells.
American Malacologist,
Burlington, MA, USA,
411 Seiten

L. Addadi, S. Weiner
(1997)
A pavement of pearl.
Nature, Vol. 389,
30.10.1997, 912–913,
915

Ausstellungskatalog
(1993)
Art de la nacre Coquillage
sacrés.
Musée Océanographique
Monaco

W.-D. Bischoff, R. Dett-
mer, K. Wächtler (1986)
Die Flußperlmuscheln:
Biologie und kulturelle
Bedeutung einer heute
vom Aussterben bedroh-
ten Art.
Staatl. Naturhist. Muse-
um Braunschweig, 64 Sei-
ten

A. M. Belcher, X. H. Wu,
R. J. Christensen, P. K.
Hansma, G. D. Stucky,
D. E. Morse (1996)
Control of crystal phase
switching and orientation
by soluble mollusc-shell
proteins.
Nature, Vol. 381,
2.5.1996, 56–58

G. von Bock (1966)
Perlstickerei in Deutsch-
land bis zur Mitte des 16.
Jahrhunderts.
Dissertation, Bonn

J. Bolman (1941)
The mystery of the pearl.
1941 Leiden: E. J. Brill,
170 Seiten

G. Bossart, H. Ho, E. A.
Jobbins, K. Scarratt
(1993)
Freshwater pearl cultivati-
on in Vietnam.
Journal of Gemmology,
23, 6, 1993, 326–332

J. Brisou (1985)
Les coquillages dans l'hi-
stoire des hommes.
Ouest-France

M. Burkolter-Trachsel
(1981)
Der Drache: Das Symbol
und die Menschen
Bern, Stuttgart: Haupt

M. Cariño, M. Monteforte (1995)
History of pearling in La Paz Bay, south Baja California.
Gems & Gemology, Summer 1995, 88–105

CIBJO, Edition 1997
Diamonds, Gemstones, Pearls.
Internationale Vereinigung Schmuck, Silberwaren, Diamanten, Perlen und Steine, 78A Luke Street, London, EC2A 4PY, 80 Seiten

H. E. Coomans (1973)
Pearl formation in gastropod shells.
Sbornik Narodniho Muzea v Praze. Acta Musei Nationalis Pragae. Vol. XXIX B, 1973, No. 1–2

J. Y. Dickinson (1968)
The book of pearls: Their history and romance from antiquity to modern times.
New York, Bonanza Books, 248 Seiten

D. Doubliet (1992)
Die Kunst die Perlen wachsen läßt.
Geo, 25.5.1992, 167–182

F. Doumenge, J. Branellec, A. Toulemont (1991)
The South Sea pearls.
Monaco Musée océanographique, 56 Seiten

J. M. Duroc-Danner (1986)
On the identification of hollow natural pearls and non-nucleated cultured pearls.
Journal of Gemmology, 20, 1, 1986, 11

M. Eliade (1986)
Ewige Bilder und Sinnbilder: Über die magisch-religiöse Symbolik.
Frankfurt/M.: Insel

A. E. Farn (1986)
Pearls: Natural, cultured and imitation.
London: Butterworths, 150 Seiten

E. Fritsch, E. B. Misiorowski (1987)
The history and gemology of queen conch „pearls".
Gems & Gemology, Winter 1987, 208–221

D. L. Fox, F. A. Brown, G. S. Losey (1983) Biological coloration. The New Encyclopædia Britannica, Vol. 16, 1983, 585 ff

C. Gesner (1670) Fischbuch. Reprint by Schlütersche Verlagsanstalt, 1981

M. Goebel, D. M. Dirlam (1989) Polynesian black pearls. Gems & Gemology, Fall 1989, 130–148

E. J. Gübelin (1968) Die Edelsteine der Insel Ceylon. Luzern: Gübelin, 152 Seiten

E. J. Gübelin (1995) An attempt to explain the instigation of the formation of the natural pearl. Journal of Gemology, 24, 8, 1995, 539–545

F. Haas (1955) Natural history of the pearls. Sobretiro de „Comunicationes" del Instituto Tropical de Investigaciones Científicas de la Universidad de El Salvator, 4, 3/4, 1955, 113–126

H. A. Hänni (1997) Über die Bildung von Perlmutter und Perlen. Zeitschrift der Deutschen Gemmologischen Gesellschaft, 46, 4, 1997, 183 bis 196

H. A. Hänni (1982) Perldiagnose mit Laue-Aufnahmen. Zeitschrift der Deutschen Gemmologischen Gesellschaft, 31, 3, 1982, 131–142

H. Hahn (1996) River pearls from Bavaria and Bohemia. Journal of Gemology, 25, 1, 1996, 45–50

J. Hanano, M. Wildman, P. G. Yurkiewicz (1990) Majorica imitation pearls. Gems & Gemology, Fall 1990, 178–188

I. Heermann, U. Menter (1990) Schmuck der Südsee: Ornament und Symbol. München: Prestel-Verlag

P. C. Howorth (1988)
The Abalone Book.
Happy Camp, CA: Naturegraph

K. N. Hurwitt, I. Reinitz, T. Moses, R. C. Kammerling (1991)
Untersuchung von Salzwasserzuchtperlen mit künstlichen, farbigen Kernen.
Zeitschrift der Deutschen Gemmologischen Gesellschaft, 40, 2/3, 1991, 81–88

K. Joyce, S. Addison (1992)
Pearls: Ornament and obsession.
London: Thames and Hudson Ltd., 253 Seiten

S. J. Kennedy (1998)
Pearl identification.
Australian Mineralogist, 20, 1998, 2–19

G. F. Kunz (1913)
The Curious Lore of Precious Stones.
Philadelphia: Lippencott

G. F. Kunz, C. H. Stevenson (1993)
The Book of the Pearl:
The History, Art, Science and Industry of the Queen of Gems.
New York: Dover (Reprint von 1908)

N. L. Larsen, S. D. Jorgensen, R. A. Farrar, P. L. Larsen (1997)
Ammonites and the Other Cephalopods of the Pierre Seaway.
Tucson: Geoscience Press

J. Lehmann (1993)
Eine fossile Perle aus der westfälischen Oberkreide.
Fossilien 3/93: 175–176

H. O. Lenz (1987)
Zoologie der alten Griechen und Römer.
Vaduz, Liechtenstein: Sändig Reprint (von 1856)

G. Lindner (1994)
Muscheln und Schnecken der Weltmeere.
München: BLV

J.-P. Lintilhac, A. Durand (1987)
Black Pearls of Tahiti.
Papeete, Tahiti: Royal Tahitian Pearl Book

A. L. Matlins (1996)
The Pearl book: The definitive buying guide.
GemStone Press, Woodstock, USA, 198 Seiten

R. McGuinness (1994)
Australia's giant pearls.
Australian Geographic, 35, July/Sept. 1994, 40–61

Ministerstvo ivotního prost edí eské republiky, Bayerisches Staatsministerium für Landesentwicklung und Umweltfragen, Sächs. Staatsministerium für Umwelt und Landesentwicklung (1996)
Die Perlmuschel im Dreiländereck „Böhmen-Bayern-Sachsen". Das Ökosystem der Perlmuschelgewässer und sein Schutz.
67 Seiten

K. Möbius (1858)
Die echten Perlen.
Hamburg, Nolte und Köhler, 83 Seiten

A. W. Müller (1998)
Zuchtperlen. Die ersten Hundert Jahre.
Lausanne: Golay Buchel, 1998

C. Müller-Ebeling (1988)
Vom Meerohr zum Lüsterglas.
Club Conchylia, Informationen 20(3): 15–17

C. Müller-Ebeling (1990)
Die Kammuschel: Von der Geburt der Aphrodite zur Rocaille.
Weltkunst, 1(1990): 17–21

L. Pfeiffer (1914)
Die steinzeitliche Muscheltechnik und ihre Beziehungen zur Gegenwart.
Jena: Gustav Fischer

C. Plinius Secundus d. Ä. (1979)
Naturkunde: Buch IV, Zoologie: Wassertiere.
(Hrsg. u. übers. von R. König in Zsarb. mit G. Winkler)
München: Heimeran

C. Rätsch (1988)
Abalonen-Geschichten der Küsten-Miwok.
Club Conchylia, Informationen 20(3): 12–14

C. Rätsch (1994)
Die Badlands und ihre
Fossilien.
Fossilien 11(4): 223–226

C. Rätsch (1994)
Veneriosa Die Muscheln
der Aphrodite.
Club Conchylia, Informa-
tionen 26(1): 4–16

C. Rätsch (1997)
Die Steine der Schamanen:
Kristalle, Fossilien und die
Landschaften des Bewußt-
seins.
München: Diederichs

C. Rätsch, A. Guhr
(1989)
Lexikon der Zaubersteine
aus ethnologischer Sicht.
Graz: Akademische
Druck- u.Verlagsanstalt
(ADEVA)

K.-H. Reger (1981)
Perlen aus bayerischen
Gewässern.
München: Hugendubel,
143 Seiten

J. Rosewater (1965)
The Family Tridacnidae in
the Indo-Pacific.
Indo-Pacific Mollusca
1(6): 347–396

J. F. Safer, F. McLaughlin
Gill (1982)
Spirals from the Sea: An
Anthropological Look at
Shells.
New York: Potter /Ameri-
can Museum of Natural
History

P. Schall (1965)
Zaubermedizin im alten
China?
Stuttgart: J. Fink Verlag

H. Schoeffel (1996)
Perlen – Von den Mythen
zur modernen Perlen-
zucht.
Köln: Dumont

E. Schöllhorn (1985)
Eine fossile Perle.
Fossilien 2(6): 272–278

A. Sellinger, P. M. Weiss,
A. Nguyen, Y. Lu, R. A.
Assink, W. Gong, C. J.
Brinker (1998)
Continuous self-assembly
of organic-inorganic
nanocomposite coatings
that mimic nacre.
Nature, Vol. 394,
16.7.1998, 256–260

J. Steinbeck (1945)
The Pearl.
New York: Bantam
Books, 118 Seiten

E. Strack (1981)
Perlenfibel
Stuttgart: Rühle-Diebener,
168 Seiten

H. Strunz und G. Wachsen (1978)
Perlen aus dem Fichtelgebirge.
Der Aufschluß, 29, 1978,
379–395

K. Volbehr (o. J.)
Arznei aus dem Meere

vom 17. Jahrhundert bis
heute.
Bremerhaven: Nordwestdeutscher Verlag

F. Ward (1985)
The Pearl.
National Geographic,
168, 2.8.1985, 193–223

P. Ward (1993)
Der lange Atem des Nautilus.
Heidelberg: Spektrum

C. Y. Wentzell (1998)
Cultured abalone blister
pearls from New Zealand.
Gems & Gemology, Fall
1998, 184–200

An dieser Stelle möchten wir uns bei den vielen Persönlichkeiten und Firmen bedanken, die mit ihrer Unterstützung dieses Buch bereichert haben. Unser Dank gilt:
Dem Fotografen Karl-Christian Lyncker, Hamburg, für seine langanhaltende Geduld und Ausdauer gegenüber unseren Bildwünschen;
Herrn Dipl.-Meeresbiologe Taisei Hashimaru, Hamburg, für viele wertvolle, anregende Diskussionen und die Durchsicht des Manuskriptes;.
Der Japan Pearl Exporters Association und dem Interessenverband Zuchtperlen, Frankfurt, für die Überlassung von Fotomaterial;
Herrn Dr. Bernhard Hausdorf, Universität Hamburg, für zoologische Informationen;
Frau Dipl.-Geol. Wiebke Hachmann für die Erstellung von Bildern mit dem Rasterelektronenmikroskop;
Frau Äbtissin von Funcke und Frau Altäbtissin von Pusch vom Kloster Ebstorf und Textilrestauratorin Frau Wiebke Haase vom Kloster Lüne für Recherchen über Perlen der Lüneburger Heide und für die Genehmigung, Kostbarkeiten des Klosters Ebstorf zu fotografieren;
Frau Evelyn Lucke vom Öömrang Ferian, Naturzentrum Amrum, und Frau Gisela Ruth, die uns Miesmuschelperlen für Untersuchungen und Fotoaufnahmen zur Verfügung stellten;
Frau Katrin Schniebs vom Staatlichen Museum für Naturkunde Dresden für die Ausleihe von Perlmuschelschalen der Weißen Elster, Vogtland;
Herrn Wolfgang Süße von der „Schlachterbörse" Hamburg für die zeitweise Überlassung seiner Ostrea-Perle;
Herrn Klaus Passan, Berlin, für die Beschaffung seltener Mollusken;
Frau Susann Hendricksen, Seattle, Washington, USA, für Conch-Perlen und wertvolle Informationen;
Den Firmen Palaeoart, Hamburg, Black Hills Institute, South Dakota, USA, und Korite, Calgary, Kanada, für die Überlassung fossilen Perlmutts.

Register

Register

Jochen Schlüter, geboren 1955 in Elmshorn/Schleswig-Holstein, ist promovierter Diplom-Mineraloge. Seit 1988 leitete er die wissenschaftlichen Sammlungen und die öffentliche Schausammlung des Mineralogischen Museums der Universität Hamburg. Zahlreiche wissenschaftliche und populärwissenschaftliche Veröffentlichungen weisen ihn als Experten für Minerale, Edelsteine und Meteorite aus. 1996 ist im Ellert & Richter Verlag sein Buch „Meteorite – Steine des Himmels" erschienen. Als unabhängiger Fachmann führt er seit vielen Jahren für die Öffentlichkeit im Mineralogischen Museum Hamburg Echtheitsgutachten an Edelsteinen, Schmucksteinen und Perlen durch.

Christian Rätsch, geboren 1957, ist promovierter Altamerikanist und Ethnopharmakologe und beschäftigt sich seit längerem mit Edelsteinen, Perlen und Mineralien. Zu seinen letzten Veröffentlichungen gehört eine umfangreiche Monographie über psychoaktive Pflanzen. Im Ellert & Richter Verlag erschien von Christian Rätsch der Editionsband „Pflanzen der Venus".

Die Deutsche Bibliothek – CIP-Einheitsaufnahme

Perlen & Perlmutt / Christian Rätsch/Jochen Schlüter. – Hamburg: Ellert und Richter, 1999
  (Edition Ellert & Richter)
ISBN 3-89234-832-4

© Ellert & Richter Verlag GmbH, Hamburg 1999

Text und Bildlegenden: Jochen Schlüter, Elmshorn (S. 4–40 o., 48–67, 78–99, 162–171), Christian Rätsch, Hamburg (S. 40 u.–47, 68–77, 100–161)
Lektorat: Brigitte Beier, Hamburg
Gestaltung: nach Entwürfen von Hartmut Brückner, Bremen
Lithographie: Litho-Jankowski, Flensburg
Satz: KCS GmbH, Buchholz/Hamburg
Druck: C. H. Wäser Offset GmbH, Bad Segeberg
Bindung: Buchbinderei S. R. Büge, Celle

Bildnachweis

Rückgabe bis

03. 02. 01			
28. 04. 01			
05. 06. 01			
29. 06. 01			
18. 08. 01			
12. 10. 01			
16. 11. 01			